非物质文化遗产
与历史变迁中的地方社会
——以歌谣为中心的解读

马 莉／著

人民出版社

目　录

绪　论

$\mathbf{我}$们生活在这个辽阔的星球上，神话、传说、歌谣、仪式……多姿多彩的文化事象粗犷恢弘而又细腻地描述了生命的成长。在某种意义上，人类学的主要学科意义在于它对全球各种环境中人类文化的人文关怀。在过去一百多年的学科发展进程中，人类学家所做工作的一个重要方面就是认识、描写和解释我们这个世界上存在的风貌迥异、色彩斑斓的不同文化。正是那些被人们看做是"奇风异俗"收集者的人类学家，通过在异于自己文化的环境中的田野工作，为人类留下了丰富的文化遗产资料，提出解释理论，丰富了人类对自身的认识，也为人类文化多样性的保存和保护作出了贡献。这种认识人类的独特视角告诉我们，整个人类的历史既是一部日渐丰富的文化史，又是一部内质丰蕴的心灵史，那些最原始的感情，最朴素的理想以自然状态存在于许多文化图式里。

从 20 世纪 50 年代开始，许多人类学家就西方工业文化对非西方传统文化的影响和破坏进行过研究，并且就这种影响和破坏的高技术提出过警告，更多的人类学家则通过田野工作,记录下即将消失的许多"原始文化"事象,这些文化事象散发出温暖的人性光芒。美国耶鲁大学的"全球人种民族志资料库(HRAF)"收集保存了来自主要通过人类学家田野调查获得的6000种文化资料,涉及全球各个地区365个族群的文化,这是人类文化传承发展得以生生不息的精神源泉。我们阅读和审视的时候,就会自然而然进入一个开放的、超越时空的结构和流程当中。

毋庸讳言,由于极其复杂的原因,特别是近百年来西方工业化思想和实践在全球的广为传播和接受,世界文化多样性遭受的破坏是空前的。作为文化多样性重要组成部分的非物质文化正处于一个存在与否的十字路口,因为现存的大量的非物质文化遗产,主要存在于全球化边缘的弱势群体之中。由于经济发展落后和西方文化的侵蚀,这些弱势群体正在被强迫融入文化一体化的进程中,而在这个进程中,其存在的非物质文化事象的被侵蚀改造乃至消失,已经不是个别的现象。

一、本书的选题价值

1972年和2003年联合国教科文组织两个世界性文化遗产保护公约的颁布以及随后的世界性文化遗产保护行动,尤其是近年来的国际性"非遗"热,象征着全球化背景中的本土化运动向广度和深度演进。这一新的世界性文化理念在实践中正遭遇着两难尴尬或某种暂时性迷失,但它毕竟标志着一种较为成熟的全球文化观的成长,反映了人类开始用较为理性、平和的心态,以文化相对论眼界来审视"我文化"与"他文化”的当下态度,也体现了一种对世界文化多样性的包容与尊重的人文关怀价值取向。此种理性的、成熟的全球文化观背后隐含着未来人类更加激烈的文化软实力竞争,而各类文化主体取胜的关键在于能否以全球化的视野、以理性的形式、以开放式的文化心态来创新式地保护自己的传统智慧,并在现代世界多元文化格局中拓展自己的生存空间。

我们也看到,短短几年,非物质文化遗产申报及保护事业在中国迅速升温,“非物质文化遗产”已成为标准的国家行为和主流文化关注的热点。中国社会正处于经济转型和社会转型的关键时刻,要不遗余力地改变当下重经济发展轻传统文化发掘,重物质资源开发轻文化遗产保护的现状,确保民族文化遗产的代代相传。另一方面,非物质文化遗产传承保护的意义,不仅仅在于遗产类型本身,更重要的是非物质文化遗产作为一种文化传统,关联着社会发展的方方面面,目前存在着许多问题值得我们反思,如:

1.认识和行为上的误区。文化的发展,更注重经济发展而忽视文化和社会整体协调发展。强调发展是硬道理,常常是以牺牲非物质文化遗产为代价,强调非物质文化遗产的“保护”,但常常把非物质文化遗产独立开来,认为其与“发展”是没有关系的,把“保护”当做完全被动的行为。

2.体制与管理上的障碍。在我国文化遗产归文物部门管理,少数民族事务则归民委系统管辖,民间文化(传统文化,如非物质文化遗产名录的申报)则归文化部门管理,在大学和研究所也没有专门的机构设置等等,这些现状急需理论界的关注和反思。

由于濒危文化遗产抢救的客观时效性与紧迫性,在当前我国非物质文化遗产保护实践中,作为"行动的实践"往往多于作为"理性的思考",诸如理想与现实的距离、传统与现代的背离、保护与发展的抵牾、中心与边缘的差异、主位与客位的视差等诸多矛盾与困惑均未来得及系统、深入地反思。因此,就如何增强社会认知度、减少行动盲目性以提高实践效能而广泛地进行多层面、多角度的学理性探讨,是意义不亚于行动本身的文化重任。然而,我国在非物质文化遗产保护方面的理论极其薄弱,没有基本的理论体系,甚至基本上是一个空白。纵观我国整个非物质文化研究领域,有这样两个特点:一是简单从民间文学过渡到民族文化遗产的研究,形态描述和研究成了主流;二是把文物学与考古学的理论简单应用到非物质文化遗产的研究,缺少多学科参与和跨学科视野。本书的研究从文化人类学的独特的学科体系和民族志方法论出发,在理论研究层面上寻求一定的突破。

二、本书的理论视野和基本框架

民族志研究总是希望提出一种理论建构,然后在这个建构的基础上进行论证,这是一种普遍的追求。然而,本书研究的重点并不是要建构一个"歌谣的民族志",而是立足当代文化遗产理论与保护实践、知识社会史以及民族志反思等理论视野,将"歌谣"被遗产化的过程从文本和实践两个层面加以梳理,贯穿一种"批判反思"的理论关照。

　　克利福德·格尔兹认为:"文化是一种通过符号在历史上代代相传的意义模式,它将传承的观念表现于象征形式中。通过文化的符号体系,人与人得以相互沟通、绵延传续,并发展出对人生的知识及生命的态度。"①作为人类珍贵的文化遗产和独特的审美方式,歌谣通过文本和语言系统积淀着人类的情感、心理、意识和体验,全面地展示了其生存和发展的自然地理环境、政治制度、经济形态、文字语言、乡情民俗、宗教信仰、伦理道德、审美旨趣等社会人生百态,构成关于人类生命形式的文化关怀和知识谱系。歌谣是人类生命过程的特殊阐释系统和"表演"方式,与一定地域、条件下的社会、文化有着共生性、应和性,并在总体性的文化传承中,向外弥散为以民族性、地域性为象征的文化精神,向内转化为独特的文化心理结构,影响着民族和地域文化的建设和发展。歌谣作为地域文化的一个方面,好比一面镜子,本书从文化再现的角度,陈述了歌谣如何参与、适应地方社会历史文化变迁的过程。同时,通过对作为社会和文化现象的歌谣及歌谣活动的关注,以及歌谣的文化活动与当前的政治、经济、商业、旅游、全球化的关系的探讨,从文化人类学角度提出了关于民间非物质文化遗产保护的反思,以检视和回应非物质文化遗产保护中存在的关于保护与利用、保护和创新等问题的争论。

　　本书内容如下:

---

　　①　克利福德·格尔兹:《文化的解释》,纳日碧力戈等译,上海人民出版社1999年版。

第一章　简略梳理了国内外非物质文化遗产保护(理论与实践)研究情况,介绍了基本思想和基本概念。

第二章　从当代人类学及文化研究中可借鉴的理论成果出发,提出了其独特的方法论体系及研究视角。

第三章　是对歌谣的研究的历史和文本陈述,是一个知识社会史的梳理。

第四章　是从文化人类学角度对歌谣的个案研究,包括文化生态、文化的深层结构、社会禁忌、族群记忆、社会史等方面全面展示人类学对歌谣为代表的非物质文化遗产的学科关照。

第五章　以甘肃和政科托村作为田野调查的地点,探讨当代社会变迁中歌谣的传承和适应情况,以期为非物质文化遗产保护与地方社会研究提供一个深入观察的个案。个案从"花儿"研究及"花儿"文本、民间歌手("花儿"的传承人)、"花儿"会("花儿"传承基地)、政府部门及文化再生产领域等五个角度展现 1950 年以来"花儿"这种区域文化的变迁过程。首先,从村落的历史和社会结构入手,逐一探索"花儿"的传统传承方式及其特点;其次,对 1950 年至 2008 年以来对"花儿"搜集和"花儿"研究历史的回顾,表现了"花儿"学研究、"花儿"文本与国家政治形势、文化思潮之间发生互动的过程;再次,对当地的歌师的解释进行"深描"式的民族志叙述,将人物的事件与思想观念变化结合起来,融合历史记忆与自我评价,将个人与文化群体,个人与社会变迁联系了起来,从文化展演(culture representation)、文化真实性(culture authenticity）、文 化 涵 化（acculturation）、文 化 商 品 化（commoditization）以及文化传统的再创造和再发明等问题进行讨论，通过一个"全局性"的分析，将视角拉回"地方社会"。

第六章　主要围绕所谓"原生态"议题进行反思性阐述。"原生态"是一个内涵和外延都相当模糊的概念，是现代生产条件下对待传统文化形成的新态度和人们进行再生产的商品化概念，所谓"原生态"的歌谣，表达了传统民族民间文化跳离旧樊篱，走向现代性又区别于既有的现代文化的相对规定，是在这种再生产的"区别"中形成的"关系性"概念，所以不存在"原真性"的文化。歌谣作为一种文化，它的核心是价值观念系统，它们与歌谣的表现形式和存在形态，即活态的、多元的、群体性、口头表述性，构成了地方社会文化的整体，成为文化多样性的深层内涵。

第七章从理论和实践的视角，对我国非物质文化遗产保护中存在的行为和认识上的误区、体制和管理上的障碍等方面进行了深入的反思。对社会文化变迁视野下的非物质文化遗产保护难题、非物质文化遗产保护与族群根本利益（长远与短期）的关系、非物质文化遗产保护与地方社会文化整体发展的关系进行了深入的探讨。

三、研究方法及相关说明

1. 对非物质文化遗产研究、歌谣学研究的成果及歌谣文本进行搜集，采用了文献搜集法，通过对这些文献资料进行分析、比较，对其概貌有全面、准确的掌握，以便对文本做知识社会学的梳理。

2. 田野调查法,主要采用参与观察法和个案研究。王铭铭在《文化的解释》的序言里谈道,"格尔兹的'深描'(thick description)追求被研究者的观念世界、观察者自身的观念世界以及观察者'告知'的对象——读者的观念世界的沟通"①。在笔者的田野工作中,一方面,通过参与观察,以及对调查点民众、歌手、政府官员的深度访谈获得了大量地方性知识,并用格尔茨所说的深度描绘叙述他们,这是主位的观点;另一方面,用人类学研究者的身份对一些事件进行分析,以便达到一种主位和客位的对话,从两种视角更全面地展现被研究文化的特性。

3. 对民间歌手的研究,采用了人类学生活史研究的方法。通过对歌手生活史的研究,将个人与文化群体、个人与社会变迁联系了起来,将人的文化行为作为联系的焦点,审视"人"在文化所构成的这张意义之网上的种种自我表演。同时,可以用来追溯社会变迁的主要过程与社会群体真正社会经验的联系,"我们不仅可以听到陈述者对其生活事实的回忆,还包括他们赋予这些事件或故事的意义,文化对个体塑造行为的各种方式和途径,让我们探索一个个体的行为是如何与我们称之为结构的各种规则相联系的"②。

---

① 克利福德·格尔兹:《文化的解释》,纳日碧力戈等译,上海人民出版社1999年版,序。

② 布莱恩·艾略特:《传记·家庭史与社会变迁研究》,[英]S.肯德里克、P.斯特劳等编,上海人民出版社1999年版。

第一章　国内外相关研究简述

第一节　非物质文化遗产概念的
　　　　　缘起及国际认同

　　文化是人类跨越自然的实力象征,保护一种文化遗产就是要保护这种文化的身份认同。人类创造的一切物质遗产,以物态——物化的文化产物,记录了人类自我发展、自我完善的精神文明足迹,而非物质文化遗产是指人类世代相承的、与群众生活密切相关的各种非物态的传统文化表现形式和文化空间。人类学家 E. B. 泰勒认为,"文化就其广泛的民族学意义来说,是包括全部的知识、信仰、艺术、道德、法律、风俗以及作为社会成员的人所掌握和接受的任何其他的才能和习惯的复合体"。[①] 由此可见,文化是一个复合体。美国人类学家哈维兰(William A. Haviland)认为文化不是可见的行为,而是人

---

① Edward B. Tylor:Primitive Culture,Harper & Rows 1958(1871),p. 1.

们用来解释经验和导致行为,并为行为所反映的价值观念和信仰。由此可见,人类学家界定的文化是一种集体概念的文化。在目前,许多人类学家愿意接受的文化概念是:"一个特定社会中代代相传的一种共享的生活方式,这种生活方式包括技术、价值观念、信仰以及规范。"①在传统的观念里,人们通常根据物质生产和精神生产这两种基本生产形式,把文化分成物质文化和精神文化。物质文化包括全部物质活动及其结果(劳动工具、住宅、日常生活用品、衣服、交通工具和联络手段等);精神文化包括意识和精神生产(从认识、伦理、培养和教育,到法学、哲学、文学、伦理学、美学、自然科学、艺术、神话、宗教)。从这个意义上来说,物质文化是与精神文化相对应的。非物质文化这一概念的提出打破了传统的物质文化与精神文化的二元分类,并将其与物质文化相对立。但是,非物质文化与精神文化是不完全等同的,虽然两者有颇多相似之处。非物质文化是由英文"intangible culture"直接翻译而来的,它准确的含义是"无形的文化"。它所涵盖的内容就更加广泛,应该包括传统意义上的精神文化的内容。

非物质文化遗产是从形态学视阈,对精神文明确立的一个新的文化理念。1972 年 11 月 16 日,联合国教科文组织(UNESCO)在巴黎召开第 17 届会议,会议通过了世界《保护世界文化和自然遗产公约》(简称《世界遗产公约》),公约把

_____

① Raymond Scupin:Cultural Anthropology:A Global Perspective,Englewood Cliffs,New Jersey,Prentice-Hall,1992,p. 46.

对人类有整体特殊意义的文物古迹、风景名胜及自然风光和文化及自然景观列入了世界遗产名录。尽管在对文化遗产进行遴选的标准条款中，有几条完全能够涵盖非物质文化遗产的特点，如"为一种文化传统或一种目前尚存活或业已消失的文明提供一个独一无二或至少是非凡的证明"、"与事件或现有传统，与思想或信仰，或一具有突出的普遍意义的艺术作品和文学作品，有直接或有形的联系"等，但该公约对"文化遗产"的内容阐释显然只针对有形文化遗产，并主要集中于建筑、古迹和遗址。同样，世界遗产委员会此后几十年间的活动范畴也都始终未将无形文化遗产纳入。可见，该公约虽然隐约涉及了非物质文化遗产，但其制定与执行却都严格限定在有形文化遗产的范畴内。

在世界遗产公约获得通过之后，一部分会员国便立即发出了制定关于民间传统文化及非物质遗产诸多方面国际标准文件的倡议。随着这种保护非物质文化遗产浪潮的兴起，联合国教科文组织于1989年11月通过了"《保护民间创作建议案》"(Recommendation on the Safeguarding of Traditional Culture and Folklore)①，这是该领域第一份准则性的文件。尽管它针对的范围有限，但重要的在于，它是国际非物质文化遗产保护领域的第一份正式官方文件，其中对相关概念的定义及其保护举措的诸种建议为日后一系列的保护行动定下了主

---

① 联合国教科文组织1972年《保护世界文化和自然遗产公约》中"文化财产"遴选标准，中文翻译参考《信使》1997年第12期：《何为世界遗产》。

基调,并直接影响了我们当前对非物质文化遗产的界定与分类。

一、概念和性质的界定

《建议案》中有一个关键点就是定义"民间创作(folklore)"这样一个词汇,给予"文化遗产"的扩展部分以"非物质文化遗产"正式命名,承认民间创作也是遗产即是承认民间创作也值得继承与保存,这是文化保存观念的一个很大的改变。

令人欣然的是,这份倡议书还着手进行非物质文化遗产概念及保护的研究:文化遗产总是被视为一个社会、一个民族或者一个国家最清楚的表明其独特精神的一种形式。在过去的几年中,它的定义已经显著地扩大到包括文化遗产的"物质的"和"非物质的"两个方面。"物质的"文化遗产包括古迹、建筑群和其他具有历史价值的遗址,具有历史、艺术、科学和技术意义的物品,以及作为世世代代人类生活见证的其他各类动产和不动产。"非物质的"文化遗产包括通过艺术、文学、歌谣、语言、口头传说、手工艺、民间传说、神话、信仰道德准则、习俗、礼仪和游戏等流传的标记和符号。[1]

该倡议书指出,民间创作是根植于社会文化传统之上的实体,它经由群体和个人予以表达传承,反映了该社会群体的

---

① 第二个中期计划(1984—1989)UNESCO,P309,11050、11051、11052、11053 段。

意愿,同时也反映了其自身的文化、社会特性;它的标准和价值观经口头相承,并也外借模仿等途径。其形式包括:语言、口头文学、音乐、舞蹈、游戏、竞技、神话、仪式、传统习俗、手工艺品和其他艺术形式。民间创作作为人类广义遗产的一个重要组成部分,对承继文化特性、促进同一文化群体间的认同感具有不可取代的价值,因此,它在过去和现今的社会历史、文化、经济、政治等诸多方面发挥着作用,是世界文化遗产一个不可分割的组成部分。然而,由于它的口头传承性的特点,令它不同于以往概念的遗产形式,因此明确提出了无形文化遗产(local intangible cultural heritage)的概念,并且指出,正是这种独特性令它很容易后继乏人而湮没消失,即口头传说的另一重要特性——脆弱性。目前,世界范围内有大量极具文化特性和体现当地民族文化渊源的口头遗产正面临消失的危险。该倡议提出,会员国应对那些为民众和社团所有的具有象征性精神价值的非物质文化遗产予以更大的关注,应由政府出面保护,并加大国际合作。

二、保护措施的制定

针对这种特殊的文化遗产,倡议提出了不同层面的保护举措,如:建立确认体系(identification)——主要指统一确认标准、分类收集、文字统计与编目;保存(conservation)——以文字形式记录、建立国家档案库、配备专人与专职博物馆予以保存;保护(preservation)——涉及此文化遗产本体而又包括对其技艺拥有者与传播者的保护,主要措施是通过展示、教授学习的方式保证其传承与发扬传播——通过大众媒介、声像资料、主题研讨会和专题研究等来促进大众对它的了解与研究,并主动保护这种文化的多样性与非主流性;保护——强调它作为智力成果本身在当今社会法制中的权利。另外,倡议还呼吁各地区组织与国家间应拓展合作的深度与广度,共同促进对这种兼民族、社群文化个性与人类历史文化共性于一身的特殊遗产的保护。

三、社会意义及其启示

非物质文化遗产概念是文化遗产概念向非物质层面的扩展。它的出现和被教科文组织接纳与文化遗产的某些观念有关。

首先,"见证物"文化遗产观念是遗产向非物质层面扩展的观念基础。文化遗产首先是一种历史、文明、文化的见证物,即"纪念物"。《世界遗产公约》最初就是持这样一种"纪念物"遗产观念。但是,历史的见证不单单是以有形的物品体现出来,还有以口头传说、歌谣、风俗、礼仪等方式记录人类文明的另一种形式。

其次,与文化遗产相关的另一个观念是文化遗产始终被认为是一个国家文化特性的基础。文化遗产是最能体现一个国家、一个地区、一个民族文化特性的文化表现形式。广泛认同的阐释是,文化通过创造符号表意系统,去追寻超越于"物"的精神内涵。对于不同社会不同国家而言,其主要的文化表现形式是不一样的。这种外在特征因地域、族群、时间的不同而形态各异。在西方国家,纪念物、可移动文物是其主要的文化表现方式,而对于许多亚非拉国家而言,则是以音乐的、舞蹈的、仪式的表现方式为主。二战后新独立的国家要求国际社会承认自己的文化形式、文化特性。教科文组织认识到了他们的要求,认可他们的文化表现方式。并且,从文化特性与文化遗产关系的角度出发,接受了非物质文化遗产概念。随着文化的渐次物化,文化的内在精神性功能被弱化,其外在的物化功能更加凸显,这在世界范围内是普遍存在的演变状况。从这个意义上说,非物质文化遗产的保存与保护就显得愈加重要而迫切。

20世纪90年代中期以来,随着全球政治环境的变化以及对文化传统关注的升温,人们开始对非物质文化遗产概念产生浓厚的兴趣。民族身份意识开始觉醒,这种觉醒是冷战后民族国家结构受到削弱的结果,对这种情况的一种反映就是借助表达无形文化来增强民族性。非物质文化遗产恰恰满足了各个民族国家的需求,它不仅蕴涵了历史根源,更体现了民族的价值。

在全球对非物质文化遗产的极大关注下,"宣布人类口头和非物质遗产"项目诞生了,该项目最终直接地促成了非物质文化遗产概念的广泛传播和认同。"宣布人类口头和非物质遗产"项目源自马拉喀什(Marrakesh)会议。1997年6月,联合国教科文组织与摩洛哥教科文组织全国委员会在马拉喀什举行"国际保护民间文化场所专家协商会议",会议辩论产生了新的概念:"口头遗产"概念,用口头遗产来概括"各种各样的民间文化表达方式"。专家们一致强调,急需设立一种国际荣誉称号,由联合国教科文组织授予最杰出的口头遗产,对于一些具有普遍价值的文化表达形式,教科文组织应当授予"人类口头遗产代表作称号"。摩洛哥在与会国的附议下,就此向联合国科教文组织第 29 届会议提交了一份决议草案,此草案在这届大会中获得通过。随后总干事组织起草并向执行局 154 次会议递交的《人类口头遗产代表作条例》草案中定义的"口头遗产"直接取自"民间创作"的定义,与1989 年《建议案》中的"民间创作"的定义一模一样。执行局154 次会议认为"口头遗产"和非物质遗产不可分,决定在"口头"之后加上"非物质"的限定。这就是 1998 年执行局 155次会议最终通过的《人类口头和非物质遗产代表作条例》名称的由来。①

2001 年 5 月 18 日首批人类口头和非物质遗产代表作的公布,在全世界产生了轰动效应,引起世界人们的极大关注,在首批 19 个代表作中,我国的昆曲名列第四。首批 19 个代表作的分布如下:

亚洲地区:中国的昆曲(4)、印度的库提亚达姆梵剧(10)、乌兹别克斯坦的博桑地区文化空间(19)、日本的能乐(12)、韩国的宗庙皇家祭祖仪式及神殿音乐(16)、菲律宾伊夫高人的哈德圣歌(15)。

---

① 吕建昌、廖菲:《非物质文化遗产概念的国际认同》,《上海大学学报》2007 年第 2 期。

欧洲地区:格鲁吉亚的复调演唱法(8)、立陶宛的十字架工艺及其在立陶宛的象征(13)、西班牙的埃尔克的神秘剧(18)、意大利的西西里傀儡戏(11)、俄罗斯的塞梅斯基口头文化及文化空间(17)。

美洲地区:伯利兹城的加瑞弗那语言、舞蹈和音乐(1)(洪都拉斯、尼加拉瓜支持)、厄瓜多尔和秘鲁萨培拉人的口头遗产与文化形式(7)、玻利维亚的奥如诺狂欢节(3)、多米尼加的维拉·麦拉康果斯圣灵手足之情文化空间(6)。

非洲地区:贝宁的杰莱德口头遗产(2)(尼日利亚、多哥支持)、象牙海岸的塔克巴纳人的横吹喇叭音乐(5)、摩洛哥Djamaael-Fna广场文化空间(16)、几内亚尼亚加索"苏苏—巴拉"文化空间(9)。

2003年11月,联合国教科文组织第32届大会通过了《保护非物质文化遗产公约》,它是继1989年《保护民间创作建议案》后,国际民间文化和传统文化保护领域的又一份准则性文件。它的通过意味着国际社会正式接受了非物质文化遗产概念作为世界各国传统文化和民间文化保护领域的术语。

联合国教科文组织《宣布人类口头和非物质遗产代表作条例》中明确指出:"根据《保护民间创作建议案》,'口头和非物质遗产'一词的定义是指来自某一文化社区的全部创作,这些创作以传统为依据、由某一群体或一些个体所表达并被认为是符合社区期望的作为其文化和社会特性的表达形式;其准则和价值通过模仿或其他方式口头相传,它的形式包括:

语言、文学、音乐、舞蹈、游戏、神话、礼仪、习惯、手工艺、建筑术及其他艺术。除了这些例子以外，还将考虑传播与信息的传统形式。"在《保护民间创作建议案》中，所谓"民间创作"即指"传统的民间文化"。此外，"条例"还有这样的表述："口头和非物质遗产（文化场所或民间和传统表现形式）。"

但是，在实质上"口头和非物质遗产"与"传统的民间文化"、"民间和传统表现形式"之间还是有相当大的不同。严格意义上的口头和非物质遗产，主要指与"有形的"、"物质的"文化遗产相对应的那部分文化遗产，即传统的"口头文化"和"行为文化"，其中有非民间的部分。而"传统的民间文化"虽以"口头文化"、"行为文化"、"民俗文化"为主体，但它同时也包含了相当多的有形的、物质的内容和形式。事实上，这两种概念只是一种纯理论的差异和区别，在实际生活和社会实践中，它们是很难区分的。但是，"传统文化"与"民间文化"却存在着很大的区别。传统文化包括民间文化，民间文化是传统文化中的一个有机组成部分。①

面对非物质文化遗产本身，在本次《在人类口头与非物质遗产代表作》的评定中提出了一系列概念范畴。

（一）文化空间的概念

文化空间是一个人类学意义上的观念，它指的是传统的或民间的文化表达方式有规律性地进行的地方或一系列地

---

① 参见吕建昌、廖菲：《非物质文化遗产概念的国际认同》，《上海大学学报》2007 年第 2 期。

方。联合国教科文组织在致力于口头和非物质文化遗产保护的时候,提出了文化空间的概念。根据 2003 年 10 月 17 日通过的《保护非物质文化遗产公约》中发表的最新定义:"非物质文化遗产是指:被社区、群体、有时是个人,视为其文化遗产的各种实践、展现、表达、知识和技能,以及与之相关的工具、实物、手工制品和文化空间。"口头和非物质文化的概念不同于民间文化的概念。但是就联合国所划定的概念范围来看,文化空间从其自然属性而言,必须是一个文化场域。"即具有一定的物理空间和场所,必须具有周而复始的循环性;从其文化属性看,则应该具有岁时性、周期性、季节性、神圣性、娱乐性等等"①。文化空间是一个很重要的概念,是演示口头和非物质文化遗产的最为集中、最为典型、最为生动的形态和形式,也是我们保护口头和非物质文化遗产所必须建立的学术理念。

各民族世代累积下来的口头和非物质文化异常丰富,门类众多,原始本真的思维方式和地方性知识通过多种媒介、多个途径流传演化,而又呈现流动的、不固定的活的形态,其展示需要的属于物质层面的文化空间也是呈现出纷繁复杂的状况,②简单归纳为:

其一,村落(社区)文化是产生口头和非物质文化遗产的重要的文化空间,村落既是指农业社会中人们共同居住、生

---

①　向云驹:《人类口头和非物质文化遗产》,宁夏人民教育出版社 2004 年版,第 89—90 页。

②　参见刑莉:《口头非物质文化遗产的物质层面——兼谈口头和非物质文化遗产的保护》,《中央民族大学学报》2006 年第 6 期。

产、生活的空间。又是指在这一空间中生活的一个群体、此外还指一种制度性的人群组织类型,村落作为小群体社会,在稳定结合和充分互动的生成发展过程中,形成了共同生活方式与约定俗成的种种文化规范,其中潜在着村民群体共同的价值观和集体的认同感。其二,宗教场所是产生口头和非物质文化遗产的重要的文化空间,中国人的信仰非常丰富,其中被官方承认的五大宗教场所以及由此而产生的民俗文化是文化空间,但是被广大民众所享用和认同的还有另一个重要的文化空间——即民间信仰的文化空间。其三,自然生态环境是产生口头和非物质文化遗产的重要文化空间。

(二)文化多元化保护的观念

文化多元保护的观念也是人类学家对非物质文化遗产保护的贡献。文化遗产不限于文化遗址、纪念馆和文化艺术作品,更重要的还有一个无形组成部分,那就是口头说唱、风俗、语言、音乐、舞蹈、表演艺术和其他技艺,特别是少数民族及土著社会仍沿袭着他们自身必不可少的传统文化,它们丰盈自足,沉实厚重,在日常生活和仪式场景中呈现着复杂的人性思考和天地万物的神性气象,是根植于整个民族文化纵深处的诗性观照与精神质地。这种无形的自然自在的遗产显得非常脆弱,如果我们想要维护文化多样性并加强文化的多重性的话,保护这些遗产就是一件紧迫的事情。文化多元化的保护不能靠单纯的对历史文物的保护来实现,还必须提倡对非物质文化遗产的保护和开发,这是文化创造性的考验,也是活的文化的动力。作为一个族群和个人认同的文化,它的核心是价值观念系统,一个族群自我认同和与其他族群区别开来的基础仍然是族群的价值观念系统以及他们的思维方式,它们与口头和非物质文化遗产的表现形式和存在形态,构成了一个文化的整体,成为文化多样性的深层内涵。

(三)文化记忆的概念

联合国教科文组织在保护人类口头和非物质遗产进程中特别强调世界文化记忆的概念。认为记忆对创造力来说是极端重要的,对个人和各民族都极为重要,各民族在他们的遗产中发现了自然和文化的遗产,有形和无形的遗产,这是找到他们自身和灵感源泉的钥匙。一方面是世界流逝的消解,另一方面,自然灾害、战争动乱、现代化、全球化、城市化不断地危害着世界文化遗产,目前这个国际责任就显得更加重大。保存与传扬这些有历史性的见证,无论是有形文化遗产还是无形文化遗产,目的是唤醒人们的记忆。因为失去了文化记忆人类就将失去创造,这也是我们对子孙后代所肩负的责任。2003 年 11 月联合国教科文组织又公布了第 2 批人类口头和非物质遗产代表作 28 个,中国的古琴艺术名列其中,其他还有口语和说唱、史诗表演 5 个,歌舞表演 12 个,节日 3 个、偶戏(人偶、影偶)2 个,工艺 1 个,医术 1 个,绘画 1 个,文化空间 2 个,再一次显示了保护人类口头和非物质遗产的国际性活动的有力成效。[①]

①　参见乌丙安:《“人类口头和非物质遗产保护”的由来和发展》,《广西师范大学学报》2004 年第 3 期。

　　在衡量口头和非物质遗产代表作的价值和文化标准时，"条例"特别强调"从历史、艺术、人种学、社会学、人类学、语言学或文学角度来看具有特殊价值的民间和传统文化表现形式"。在评审委员会的专家构成上，也特别规定各专家"所代表的学科之间的平衡，如音乐、口头文学、表演艺术、礼仪、语言及手工艺和传统建筑专门知识等"。事实上，非物质文化遗产最突出的特点和最宝贵的意义就在于它的精神现象，在于它的多功能多价值，既是生活的百科全书，也是多学科的对象，它是心灵生活向上的运动，指向价值世界的深层维度，蕴藏着想象未来生活的能力和构建理想图景的激情。只要我们看联合国教科文组织对口头和非物质遗产范畴的举例和示范，就能更直观地了解这样一个新颖、少见的概念及其实际所指：

　　1. 口头表述：诗歌、史话、神话、传说及对文化群体具有重要意义的其他叙事的表演和公开表述。

　　2. 表演艺术：在文化群体的节庆或礼仪活动中的表演艺术，其中包括肢体语言、音乐、戏剧、木偶、歌舞等表现形式。

　　3. 社会风俗、礼仪、节庆：人一生中的各种仪式（出生、成长、结婚、离婚和殡葬等仪式），游戏和体育活动，亲族关系与亲族关系的仪式，定居模式，烹调技术，确定身份和长幼尊卑的仪式，有关四季的仪式，不同性别的社会习俗，打猎、捕鱼和收获习俗，源于地名的姓名和源于父名的姓名，丝绸文化和工艺（生产［纺织］、缝纫、染色、图案设计），木雕、纺织品，人体艺术（文身、穿孔、人体绘画）。

（4）有关自然界的知识和实践：有关大自然（如时间和空间）的观念，农业活动和知识，生态知识与实践，药典和治疗方法，宇宙观，航海知识，预言与神谕，有关大自然、海洋、火山、环境保护和实践、天文和气象的具有神秘色彩的、精神上的、预言式的、宏观宇宙的和宗教方面的信仰和实践，冶金知识，计数和计算方法，畜牧业，水产，食物的保存、制作、加工和发酵，花木艺术，纺织知识和艺术。①

毫无疑问，以上的例式，其范围与文化人类学有很多相同处。至此，我们可以看到，口头和非物质遗产的概念实际上有三个层次：(1)广义的与物质遗产、遗址、遗迹、文物、典籍等对应的无形遗产、口头遗产、非物质遗产；(2)狭义的以民间文学（口头遗产之重要主体和组成）、民间文艺、民俗文化、传统的表演艺术、民间科技、民间技艺、民间知识、民间工艺等为内容的口头和非物质遗产；(3)以狭义的"口头和非物质遗产"之精华为主体，以广义的但处于濒危的"口头和非物质遗产"为补充。此两者中作为人类口头和非物质遗产的代表作被列入"代表作名录"时，它们以"代表性"和"濒危性"为界定标准，要求世界级的形态和全球性的价值与意义。在这里，因为"濒危性"原则，囊括了各种自为状态下的"民间文化"、非民间的传统的无形文化，人体的行为的、非物质的、传统的、艺术，如具备全球性意义和世界级价值，一旦濒危，也在"代

① 参见《中国民间文化遗产抢救工程普查手册》，高等教育出版社2003年版，第22页。

表作名录"的保护和选择范围之内。①

如今,非物质文化遗产的保护已经被世界各国广泛接受,而且各国纷纷采取措施来保护本国的非物质文化遗产。联合国教科文组织非物质文化遗产部主任爱川纪子(Noriko Aikawa)在《非物质文化遗产:新的保护措施》②一文中讲道:很多政府已经承诺将非物质文化作为国家遗产来保护。最近教科文组织对成员国进行了一次全球性的调查,有 103 个国家作了回答,主要的结果为:57 个国家将无形文化遗产作为国家文化政策的一部分;31 个国家具有保护非物质文化遗产的基础设施;49 个国家有能力培养收藏家、档案管理员和纪录片制作人员;54 个国家在学校内外讲授关于非物质文化的课程;47 个国家有全国性的民俗协会或相似的社团;80 个国家对致力于保护无非物质文化遗产的个人和机构提供道义上或经济上的支持;在 63 个为艺术家和从业者提供支持的国家中,28 个给予国家支持,14 个给予荣誉或地位,还有 5 个给予国家职位;52 个国家的立法中包含了非物质文化遗产的"知识产权"方面的条款。

---

① 参见向云驹:《论"口头和非物质遗产"的概念与范畴》,《民间文化论坛》2004 年第 3 期。

② 参见(日)爱川纪子(Noriko Aikawa):《非物质文化遗产:新的保护措施》,关世杰译,《世界文化报告 2000:文化的多样性,冲突与多元共存》,北京大学出版社 2003 年版,第 163 页。

第二节　国外非物质文化遗产
保护与研究态势

　　从世界范围来看,人类对文化遗产的关注与保护早在两百多年前就付诸行动。在欧洲,意大利对文化遗产的保护起步早,保护的数量多、质量高。文化遗产保护,在意大利成为一种民族自觉、一种人的素质,并已融入风俗习尚之中。1790年法国国民议会设立了遗产保护机构,列出遗产清单,为了更好地在国民心中树立遗产意识,1984年法国人又创建了首个文化遗产日。遗产概念从一国走向世界,联合国教科文组织功不可没,到2006年7月已有182个国家和地区参加,有830处自然与文化遗产地列入世界遗产名录。

　　从1972年联合国教科文组织通过《遗产公约》以来的30多年时间里,欧美国家和亚洲的日本、韩国在研究遗产方面取得了长足发展。在遗产保护与利用中采取中央、地方和民间三管齐下的管理模式,如在法国,现有的遗产资源仅有5%归中央政府管理,其余为地方政府和民间管理。

一、遗产保护概念、内涵与外延不断拓展

　　1950年日本政府在颁布"文化财保法"的同时,首次授予拥有精湛传统技艺的民间艺人"活生生民族珍宝"(Living National Treasures)的美誉。1951年和1953年,日本选出"无

形文化财中最有价值、国家不进行保护则有可能衰亡的"财产,由国家进行保护。1954 年,日本对《文化财产保护法》进行了一次修改。从价值观出发,对有很高艺术性、历史性的无形文化遗产,即使没有衰亡危险,也采取措施积极进行保护。1955 年,日本第一次对重要的无形文化财进行指定和认定。1975 年又对"文化财保法"大幅度修改,扩充了民俗文化财产的内容,即:指定民俗习惯、民间艺术为重要无形文化财,并采取措施加以保护。1990 年以来,日本政府邀请国外专家、文化人士、学者交流讨论有关文化财保护的问题,听取意见,以便提供制定政策参考。2002 年 4 月开始,日本小学开设了传统文化课,其目的是作为一个未来的日本公民,对自己民族文化要有一定的感性认识。

1962 年韩国政府也制定了《文化财保护法》,将文化财(即文物)分为四类:有形、无形、民俗和纪念物,正式将无形文化遗产纳入国家文物普查和保护的法定范围。1962 年 3 月,韩国成立了文化财委员会。目前,韩国拥有国家级无形文化财 100 多个。泰国于 1985 年开展了一项名为"国家级艺术大师的计划",在保护有形艺术杰作的同时也珍视创作者本人的无形价值。菲律宾为传统和当代两种人物设立不同的奖项。

在法国,自 20 世纪六七十年代以来,公众已产生了对包括舞蹈、歌谣、烹饪和手工艺品及民间传说在内的非物质文化遗产的浓厚兴趣。法国文化部决定重大文化遗产保护工作。但实际上由法国政府部门管理的重点文化遗产不足 5%,近一半由市级部门管理,而半数为私人管理。意大利政府部门专门设有文化遗产部,建立了政府负责保护、私人或企业进行经营和管理的"意大利模式",调动了企业和私人保护文化遗产的积极性。

二、形成了较完整的研究评价理论体系

突出表现在遗产资源的价值评估,遗产资源的维护资金分配、遗产地的空间规划等理论与方法的创建与发展。从遗产资源的经济价值来看,遗产的价值分为使用价值和非使用价值。使用价值是指直接从遗产地设施和服务中获得的收益,非使用价值是指遗产间接的、精神的、抽象的价值,如选择价值(option value)、存在价值(existence value)、馈赠价值(bequest value)。从 20 世纪 80 年代以来,国外对遗产资源价值的评估有多种方法,如成本核算法、市场价值法(contingent valuation method,简称 CVM)、替代市场法、假设市场法等,其中对遗产资源的福利价值的评估常采用假设市场法,并用消费者意愿调查法来实施。①

遗产资源的维护资金分配方面,西方国家政府对遗产的维护都较重视,但是政府拨款仍然很有限,资金分配也欠周详:第一种情形是把大部分资金下拨到有经济价值的或者出现严重破坏的遗产资源,而把剩余的一点资金分到别的遗产资源地;第二种情形就是把资金平均分配到遗产资源地。这

---

① 参见刘成武、黄利民:《资源科学概论》,科学出版社 2004 年版。

两种方法都不能起到遗产保护的作用。Yeng-Horng Perng 和
Yi-Kai Juan[1] 采用遗传算法理论(Genetic Algorithm)来分配
资金,先对遗产保护地根据其维护的技术要求、政治价值、经
济价值等制定评估策略,采用模糊算法,确定 5 级的评估体
系,最后确定资金分配优先顺序(最优先、次优先、中等优先、
低等优先)。这种评估系统在解决我国台湾台南地区 4 处遗
产地维护资金分配方面起到了较大的作用。

三、遗产地空间规划成为趋势

目前较流行的是功能分区理论(Zoning)。Marla del Carmen
Sabatini 和 Adriana Verdiell[2] 应用分区规划理论工具对遗产保
护区的各种发展方向和人为影响进行量化分析,通过输入数
据,确定限制因子、权重指标和土地使用适宜性,经过专家与
遗产利益主体的协商,得到可供选择和讨论的分区功能区划
方案。这种模型尽管在遗产资源与不同利益主体的观念解释
方面颇为困难,但是由于其考虑了多方面的因子,分区规划结
果对遗产功能选择有一定的参考价值。

---

[1]　Yeng-Horng Perng,Yi-Kai Juan and Huang-Shing Hsu. Genetic algorithm-based decision support for the restoration budget allocation of historical buildings[J]. Building and Environment,2007,42(2).

[2]　Maria del Carmen Sabatini, Adriana Verdiell, Ricardo M. Rodriguez Iglesias. A quantitative method for zoning of protected areas and its spatial ecological implications [EB/OL]. http://www.elsevier.com/locate/jenvman.

第三节　国内非物质文化遗产
研究的几个图式

在联合国教科文组织确定的《口头和非物质文化遗产杰作名录》项目中,2001 年 5 月中国的昆曲艺术名列第一批 19 年代表作名单之中。2003 年 11 月我国的古琴艺术又名列第二批代表作名单之中。2004 年 6 月 28 日,联合国教科文组织第 28 届世界遗产委员会会议在苏州举行。从 2002 年起,文化部、财政部启动了"中国民族民间文化保护工程",已确定了国家保护试点项目 40 个,各省也相继确定了一批保护试点项目。2002 年 8 月,文化部与全国人大教科文卫委员会向全国人大递交了《民族民间文化保护法》讨论稿,于 2003 年 11 月形成了《中华人民共和国民族民间传统文化保护法(草案)》,2004 年该草案名称已改为《中华人民共和国非物质文化保护法》。我国政府于 2004 年 8 月 28 日正式批准加入联合国《保护非物质文化遗产公约》。2005 年 3 月 31 日,国务院办公厅下发了《关于加强我国非物质文化保护工作的意见》。

从目前国内有关非物质文化遗产方面的研究论文、著作所涉及的范围来看,主要可以分成以下几个方面:

一、文化学、游记学角度的研究

传统文化的民间保护人士从文化学、游记学的角度来研究中国的非物质文化遗产,其中有代表性的是冯骥才和管祥麟。身为中国民间文艺家协会主席的冯骥才被称为"民间文化的守护神",他于20世纪90年代以来,投入文化遗产的抢救与保护工作,组织多次大型文化抢救行动,如"中国民间文化遗产保护抢救工程"已在全国首批15省展开。他从文化学的角度出版各种相关著作,如《三寸金莲》、《忆小人书》等,发表大量关于文化遗产保护的思辨性与呼吁性的文章,如《年夜思》、《年文化》等,并在海内外举行相关的演讲,对当代中国文化界产生了深远影响。

为了使民间传统文化不至于濒临灭绝,在全国人大、政协两会上,冯骥才提交了"紧急抢救我们的民间文化遗产"的提案。配合这份提案,由冯骥才发起中国民间文艺家学会牵头,启动了一个"中国民间文化遗产保护抢救工程"。冯骥才认为,民族文化应该是两部分:一是典籍文化,如李白的诗、《红楼梦》等;另一部分就是民间文化,如面人、剪纸、灯会、婚丧嫁娶等,就是我们所说的"民俗"。他曾提议中国设立"世界遗产日",将每年6月的第二个星期日定为"遗产日"。另外,冯骥才认为中国目前的民间文化遗产保护基本是一种自生自灭的状况,保护的力量非常弱,民间文化包括民俗、民间文学、民间艺术三个方面,并成立了一个冯骥才民间文化基金会,认为民间文化的保护除民间的行动以外,政府的保护起着很重要的作用。只有政府采取合理的措施,才能更好地保护和传承民间文化。

管祥麟也是一个孤身拯救中国民间艺术的民间人士。他历时 18 年,从 1983 年到 2001 年前后两次出行,行程 30 万公里,抢救各类濒临灭绝的民间艺术品 1 万余件,用游记学的方式取得相关摄影 6 万帧,DV5000 多分钟,出版专著 4 本,目前正在筹办中国 56 个民族民间艺术博物馆。他根据自己的实地考察,真实反映了一些民间艺术家生存状况差的事实,同时强调要保护民间艺术,就要坚持"以人为本"的原则,首先抢救民间艺术家,让他们在各方面得到更好的保障,让民间传统艺术得到更好的继承发扬。

二、民间文学过渡到以形态描述和研究为主的研究

徐赣丽的《非物质文化遗产的开发式保护框架》(《广西民族研究》,2005.4),从民俗旅游学开发的角度谈民俗旅游保护非物质文化遗产的可能性、必要性和有限性,会带来双重效应的旅游民俗的开发和保护需要政府、旅游企业、当地民众和学者的共同参与,对政府的倡导者、管理者和协调者以及如何行使政府职能有一定的见解。刘茜的《试用科学发展观认识非物质文化遗产保护与旅游发展》(《西北民族研究》,2005.2),用科学发展观指导我国非物质文化遗产的保护和开发,分析了在发展旅游过程中破坏非物质文化遗产现象的原因,并提出尽快建立政府对非物质文化遗产保护与旅游开发的监管机制和政策体系、加大对保护非物质文化遗产的宣传力度、保护资金的投入和科技力量的支持力度等对策,还有宋建林的《中国现代对非物质文化遗产的保护》(《文艺理论与批评》,2005.6)等。

三、文化人类学角度的研究

从人类学角度来研究非物质文化遗产的论著主要有:向云驹的《人类口头和非物质遗产》(宁夏人民出版社,2004),全面介绍和研究了有关口头的非物质文化遗产的概念,基本特征和分类,价值尺度和调查方法,国际标准和各种具体形态以及中国的保护研究情况。其中对中国民间文化遗产抢救工程的内容与方法、价值与意义进行了具体的分析,是我国保护民间文化遗产的第一个里程碑。

色音在他的《文化遗产与文化人类学》(《文化遗产的保护与经营——中国实践与理论进展》,社会科学文献出版社2003年,北京)一文中提出对"活态人文遗产"的保护,尽管中国政府部门在无形文化遗产保护方面采取过一些得力的措施,但是也存在很多急需解决的问题。笔者对此提出了六点建议:(1)尽早成立鉴定和评估文化遗产的审查委员会和专家委员会,其中适当地吸收文化人类学、民俗学研究者;(2)除国家文物局外,应建立一个专管文化遗产保护工作的专门机构;(3)开发和保护并重,尽量减少和避免开发活动对文化遗产的破坏;(4)建立相关的博物馆、民俗资料馆等设施,对出土的文物和流传在民间的文化遗产进行严格保存和管理;(5)制定相关的法律法规,有效地遏制有损于民族文化遗产的盲目开发行为;(6)利用现代化手段,忠实地记录和保存民族民间文化遗产。

此外,还有冯敏的《试论基层社区非物质文化遗产的保护》(《建设与管理》,2005.12)、彭金山的《关于实施非物质文化遗产保护工程的若于思考》(《西北民族研究》,2006.1)、林庆的《云南非物质文化遗产的保护和开发》(《云南社会科学》,2004.4)等论文。郝苏民以"花儿"体民歌为例,论述了口头传承文化的变迁与保护的关系;崔延虎针对用"己文化"误读"他文化"及"文化制造"的现象,提出了广泛吸纳遗产直接持有者和传承者参与项目保护等建议。

以上几个方面都是从专业性研究出发,并结合中国的实际情况对非物质文化遗产作出的积极探索的论著,还有以分析和介绍其他国家非物质文化遗产方面为主要内容的著作,如顾军、苑丽在其书《文化遗产报告——世界文化遗产保护运动的理论与实践》(社会科学文献出版社,2005.7)中主要介绍了意大利、法国、英国、美国、日本以及韩国和中国内地与台湾的文化遗产保护的历史、机构职能、法律制定和经验等;飞龙在研究国外保护非物质文化遗产时,提出新方法以及机构设置、法律、政策等配套设施情况,发展中国家和不发达国家保护非物质文化遗产方面力量薄弱,并提出联合国教科文组织在这些国家建立一个长效的保护机制问题和设立一个非物质文化遗产基金的建议。

总体来看,众多学者从各自的学术视角进行了较多的论述,但对很多认识问题和保护做法的探讨还有待系统与深入,而从人类学这一与非物质文化遗产关系最为密切的学科的理论视角进行的分析更是比较零散和笼统。通过这些年的研究和实践,我们看到,中国保护非物质文化遗产的文化行动,其理论准备严重不足。正是在这样的背景下,无论是理论贡献,还是实践角度,中国非物质文化遗产研究和保护中,人类学的独特的学科视角和方法论都有着非常重要的意义和作用。

第二章　非物质文化遗产的
人类学征候

非物质文化遗产的保护问题,是现代化和全球化语境下,为有关国际组织所倡导,并被世界各国普遍接受和重视的一个国际化的文化建设课题。正是在包括人类学在内的多个学科持久不懈的努力,联合国教科文组织 1972 年制定并开始实施《巴黎世界文化及自然遗产保护公约》(简称《世界遗产公约》),人类学家提出的"文化多样性"的概念得到联合国教科文组织的认同,以此专门召开了国际性的大会讨论和制定保护文化多样性计划的问题。

广义上讲,社会文化人类学把文化界定为"一个社会中代代相传的一种共享的生活方式,这种生活方式包括技术、价值观念、信仰以及规范。"①对于人类学家而言,因为人类群体的文化具有整体性的特点,文化不是以特质或特点,而是以整合关联的形式存在,文化要素之间的互动关联。人、社会与文化之间的互动使物质文化和非物质文化之间的界限并不像人

---

① 庄孔韶主编:《人类学通论》,山西教育出版社 2004 年版,第 21 页。

们想象的那样泾渭分明,而是互相包孕,互为存在。在这个意义上说,文化是一个通过人们行为和行为方式体现出来的复杂的系统,而支撑这个系统运作的基础是由特定人类群体组成的社会以及特定社会群体的价值体系和一系列行为规范。

这个认识对于口头和非物质文化的保护具有重要的意义。口头和非物质文化遗产的存在有着它们的载体,即特定的人类群体,特定人类群体的社会是口头和物质文化遗产赖以存在的基础,脱离了这些特定群体以及由他们组成的文化环境,口头和非物质文化遗产的生存和传承的基础将不复存在;作为一个族群和个人认同的文化,它的核心是价值观念系统,一个族群自我认同和与其他族群区别开来的基础仍然是族群的价值观念系统以及他们的思维方式,它们与口头和非物质文化遗产的表现形式和存在形态,构成了一个文化的整体,成为文化多样性的深层内涵;人类学强调文化研究中跨文化交际的理念和实践,主张研究者跨越文化的障碍,深刻地从跨文化角度认识、理解被研究的文化,使被研究文化的真貌和精髓得到准确的描写和解释,主张在对"他文化"研究中应该有被研究文化族群的人员参与,这个理念对于保护口头和非物质文化遗产具有特殊的意义。

第一节　文化空间中族群
身份认同的工具

非物质文化生存的土壤应该是民族和民间的,文化价值也只有在特定的文化场中才能够得到充分体现。这里的文化场就是产生某种文化事实的具体的社会文化背景。这里的背景并不仅仅只是共时性的空间场所，也包括历史性的时间场景。考虑到非物质文化产生、发展和存在意义的特殊时空背景，对非物质文化的理解只能放在特定的文化背景中，才有意义。北京大学的宋奕提出，人类学空间视角为文化遗产概念及其保护实践的认识与反思提供了一条具有启发性的路径。人类学从基本学科关怀、发展趋势以及核心研究方法上都拥有发挥作用的学术资源，空间视角与人类学相交会所生发的理论灵感及其生成的民族志将对文化遗产研究作出重要贡献。

　　虽然不同的文化群体在各自漫长的历史发展过程中都有对待自身传统文化及其载体的独特的态度及实践，但是相关的理论和实践被统合在"文化遗产"概念之下，形成一个诞生于文化全球化并积极应对这一现实趋势的世界性实验，还是近几十年内所发生的事情。"文化遗产"概念的提出与发展不能不说得益于联合国教科文组织在1972年颁布的《保护世界文化和自然遗产公约》。从那时起，"文化遗产"这一概念不断扩充其内涵并逐渐形成一个吸纳多学科理论与实践成果的集合体。通过始于20世纪后半期的世界范围的"文化遗产"保护实践可以被理解为对全球化带来的文化同质化趋势的对抗。这一对抗的目的是维护人类社会的文化多样性，而对抗的手段就是通过对一系列正处于濒危状态的"文化遗产"的保护来强化这些遗产持有者的文化身份认同。文化全球化的形成有经济技术的基础,即全球资本主义带来的市场机制下的经济全球化。在对全球资本主义进行批判的过程中,列斐伏尔的目标是要建立一种差异的空间。他认为,要对抗抹除所有的空间性差异的抽象空间的全球性蔓延,只能借助阶级斗争。因为后者可以改变空间的同质化倾向,制造出空间的差异性。① 如果将列斐伏尔的上述分析与对策应用到文化全球化的情境中,即是采用对抗霸权的方式遏制文化全球化的同质化空间生产,以维护倾向异质化空间生产的文化多样性,实现这样的对抗需要各文化阵营内部的文化身份认同作为基础,各种物质或非物质的文化遗产就在此时成为强化这一身份认同的符号。如果广义的遗产可以让人在先辈的恩泽下有所感念的话,那么文化遗产则可以提醒在更大范围内共享集体记忆的人群"认祖归宗",在将自己的群体与其他群体区分开来的过程中实现文化身份认同。空间在这个过程中被生产,并被"铭刻"。在对空间进行铭刻的过程中,人们与其生产并占用的场所形成有意义的关系,为空间加上意义。② 文化身份认同的机制是建构性的,它通过制造关于集体经验的记忆和想象在群体中生产共享空间,并与具有"他性"的空间建构距离。身份认同的问题由此清晰地展现了文化概念化的过程中相互交织的权力与空间,并成为一个充满

---

① 参见吴宁:《日常生活批判——列斐伏尔哲学思想研究》,人民出版社2007年版,第398页。

② Low,Setha & Lawrence-Zuniga, Denise. "The Anthropology of Space and Place",Oxford:Blackwell Publishing Ltd,2004:13.

连续争斗的场域。通过不同层次的认同机制,"世界"的文化遗产、"民族国家"的文化遗产、"民族"的文化遗产、"人群"的文化遗产、各政治地域单位的"文化遗产"分别被刻写于交织存在的空间。通过它们,我们可以了解空间组织生产的机制以及不同的想象共同体在区域、国家、全球层面上的建构形式。由此,在空间视角下研究扮演文化身份认同工具角色的"文化遗产",分析它的空间生产有助于我们将这一概念放置于超出本地范围的更为广大的政治经济关系之中,得到对它更清晰的认识。①

按照联合国教科文组织的界定,非物质文化遗产是无形及不可触摸的。令人惊奇的是,融入一个国家文化的传统技艺或宗教活动的产物也被称为非物质遗产,如手工艺品、建筑和服饰。非物质文化遗产还可以被定义为各种形式的传统、大众或民间文化,例如在传统基础上共同完成的集体作品,可以包括口头传说、习俗、语言、音乐舞蹈、宗教仪式、庆典活动、传统医药学、烹调艺术,以及与工具和居住环境等有形文化相关联的各种特殊技艺。但是无论从哪个角度认识,口头和非物质文化遗产的"表现形式"和"存在形态"并不是它们的全部,重要的是体现出的或是在它们中隐藏着的"哲学、价值观、道德尺度及思考方式",构成了社会生活的基础,也是非物质文化遗产中最重要的部分。因为每一个人与它都脱不开

---

① 参见宋奕:《人类学空间视野的文化遗产研究》,《中国名城》2009 年 7月。

关系,在特定族群的个体身上都包含了其所在社会的传统,这也是人类学提出的文化是个人认同的组成部分的观点所在。按照人类学的观点,作为一个族群和个人认同的文化,它的核心是价值观念系统,一个族群的人们可以接受其文化的物质层面的东西,比如衣食住行方式或其他的物质生活方式,然而他们自我认同和与其他族群区别开来的基础仍然是族群的价值观念系统以及他们的思维方式。价值观念系统以及思维方式是口头和非物质文化遗产的极其重要的组成部分,它们与口头和非物质文化遗产的"表现形式"和"存在形态"构成了一个代表作的整体,成为文化多样性的深层内涵。

第二节　民族志研究提供的独特视角

人类学家的研究方法最重要的有两个:一个是田野调查;另外一个是民族志访谈。这两种方法使人类学对人类社会及其文化的研究区别于其他研究人类社会及其文化的学科。

田野调查被看做是现代人类学的基石。田野调查使人类学者亲自进入特定的社区,通过对具体的族群体的直接观察、访谈、居住体验等参与方式获取直观的第一手资料,获取被调查群体的社会和文化的认识。在这个过程中人类学者发现文化的宏观和微观事象,从纷繁复杂的社会生活中寻找到特定的地方人群的生存方式,感悟特定文化的真谛。由于绝大多数口头和非物质文化遗产存在于具有悠久历史和传统的族群社会中,对它们的发现进行鉴别审定,人类学的田野调查方法可以发挥其特有的作用。

在对文化遗产保护实践进行空间视角的批判性关注的过程中,人类学的独特贡献将是对一种日常生活的民族志的发展。文化遗产产生于日常生活,却常常被隔绝于日常生活,面对这一困境,人类学对日常生活的空间——民族志的书写将帮助我们把在重重申报和收录的过程中被客体化的文化遗产,以及在利用开发过程中被严重商品化和异化的文化遗产重新置入它原本所属的日常生活之中。这是一个由"地点"到"空间"、从静态到动态的转化,实现这一转化,日常生活的叙事将发挥重要的作用。人类学者可以进入"文化遗产"的"日常生活"之中,对地方或本土知识进行"深描",原因在于所有这些民族志方法致力于搜寻当地人对自己文化及其意义系统的理解和阐释。其中对文化事象的主客位结合描写、对文化主题意义的分析和最后的文本写作,对于在口头和非物质文化遗产的调查和描写中,获取某一口头和非物质文化作品的当地知识都具有其他学科方法不可比拟的特殊意义和作用,这一点在联合国教科文组织公布的 19 项保护对象的描写中都有体现,即对它们的描写是研究和本地人合作的作品,而不是官方或研究者认定的它"应该是这样而不是那样的"的描写作品。此外,民族志方法强调对特定文化主题的深度分析,分析中当地人的认知叙述对于获知其对自己文化的看法具有重要意义。同样,他们和研究者之间跨文化的探讨对于深入挖掘和探讨被研究文化的全貌及其深层意义也必不可少。

这样一种日常生活中的民族志,对于人类学的学科发展,对于非物质文化遗产的概念与实践研究,都将起到积极的推动作用。

第三节　从文化整体观看文化生态的保护

人类学家 E. B. 泰勒认为,"文化就其广泛的民族学意义来说,是包括全部的知识、信仰、艺术、道德、法律、风俗以及作为社会成员的人所掌握和接受的任何其他的才能和习惯的复合体"。[①] 由此可见,文化是一个复合体。

非物质文化是人类调适于自然环境和社会环境所创造或利用的抽象事象,即人类在社会历史实践过程中所创造的精神财富。这种文化的内容大体上可分为三方面:其一,调适于自然环境所产生的,如哲学、自然科学、宗教、艺术等;其二,调适于社会环境所产生的,如语言、文字、风俗、道德、法律等;其三,调适于物质文化所产生的,如使用器具、器械或仪器的方法等。[②] 它可以多种形式存在,如知识、观念、意识、信念、技术、意义、功能、象征等,它包括了各族民众传统生活方式的各个方面。具体说,包括各族民众千百年来传统的物质生活、社

---

①　Edward B. Tylor: Primitive Culture, Harper & Row, 1958 (1871), p. 1.

②　参见郝朴宁:《非物质文化形态的社会承载形式》,《学术探索》2008 年第 3 期。

会生活和精神生活三个领域内的所有文化事象。① 由此看来,非物质文化与物质文化相比,具有明显的无形性,它强调的是一种过程、动作、思想、观念、知识等。因此,我们可以说物质文化与非物质文化属于两个不同的系统,但也不能完全的绝对化。

物质文化是认识非物质文化的重要窗口,非物质文化是物质文化得以实现的基础。"每一种物质文化形态都伴随着相应的非物质文化形态;然而,'此'物非'彼'物;有些物质文化形态上附着的非物质文化形态'死'了,有些则'活'着,而且依然顽强有力。"②因此,从某种意义上说,物质文化与非物质文化具有明确的对应性。在很大程度上,物质文化的非物质性决定了物质文化的性质、特点和属性,同样一种具有相似特征的物质文化,但在不同的非物质语境下就会具有不同的意义。如今我们对非物质文化遗产的关注,并不等于要否定物质文化的意义和价值,因为"非物质文化遗存形态的文化表征是具有物质形式意义的……非物质文化遗存形态的文化表现形式具有物质(包括人本身)属性,达到物质文化形态的表现和创造目的,如建筑、服饰、工艺品,其目的为物质形态的物,其过程却是非物质形态的技能。"③也就是说,非物质文化是要借助于一定的物质文化形式表现出来的,任何一种物质

---

① 李军:《"活"的文化与"死"的遗产》,《艺术世界》2004 年第 8 期。

② [英]马林诺斯基:《西太平洋的航海者》,梁永佳、李绍明译,华夏出版社 2002 年版,第 37 页。

③ 郝朴宁:《非物质文化形态的社会承载形式》,《学术探索》2008 年第 3 期。

文化后面蕴涵有非物质文化的意义和价值。总而言之,在人类学的文化整体观视野下,物质文化与非物质文化是难以完全隔断的,物质文化往往是非物质文化的载体,保护非物质文化遗产重要的是保护观念、技艺方面的东西,但也绝不能忽视对其物质载体的保护。

文化都是特定群体在特定的环境下创造出来的一种文化适应手段,其创生与传承都与特定的环境休戚相关:因环境而生,因环境而传,因环境而变,因环境而衰。所谓环境,实际是民众生活中的一个场域。这个节点,以一定民族社区的民众为主体,集自然与人文、现实与历史、经济与文化、传统与现代于一体,形成互动的生态系统,构成非物质文化赖以立足的生命家园。物质文化与非物质文化不是凭空产生的,也不是一种虚无的存在,它总是在一定的社会和生态环境中产生的。社会和环境往往会影响某种物的具体形态,同时也赋予其特殊的意义。只有在具有共同知识体系和文化传统的社会里才会对某种物达成一致的观点和共识,并成为社会成员所共同享有的文化成果。因此,对这两者的认识不能脱离它所生存的人文环境与自然生态环境。①

人类学家马林诺夫斯基认为,对文化的研究“必须把该社区中社会的、文化的和心理的所有方面作为一个整体来处理,因为这些方面是如此错综复杂,以至不把所有方面考虑进

---

① 参见陈兴贵:《人类学整体观视野下的物质文化与非物质文化》,《重庆三峡学院学报》2009 年第 5 期。

来就不可能理解其中的一个方面。"①既然物质文化与非物质文化作为一种文化整体的有机组成部分，都是特定社会、文化、生态背景下的产物，它们共同构成了一个有机的整体。那么，对非物质文化的保护就不能将具体文化事项从它的生存环境和背景中割裂出来"保护"，否则只能是切断具体传统文化事象自我更新、自我创造的能力，最终使非物质文化的根基受损。因此，对具体文化事象的保护，"要尊重其内在的丰富性和生命特点。不但要保护非物质文化遗产的自身及其有形外观，更要注意它们所依赖、所因应的结构性环境。"②人类学的文化研究总是将各种文化现象视为一个有机联系的整体，认为所有文化事象都不是孤立存在的。因而，我们在考察和认识每一种文化现象时，都不能脱离该文化传衍地区的历史、自然环境、家庭结构、言语模式、社区结构、政治经济体制、宗教及艺术和服饰风格等等。如果脱离了整体文化生态环境来单独谈论某种文化事象，就不能获得对其内涵的真切理解。如果我们进而将其剥离出去，置于不同的文化场域或使其游离于现实生活之外，也就割断了它与社会生活环境的血肉联系。

同时，任何一个具有悠久历史的民族，"她所创造的非物质文化，是多种多样，丰富多彩的，虽然在具体内涵、形式、功

---

① ［英］马林诺斯基：《西太平洋的航海者》，梁永佳、李绍明译，华夏出版社 2002 年版。

② 刘魁立：《非物质文化遗产及其保护的整体性原则》，《广西师范学院学报》2004 年第 4 期。

能上有所不同,但它们都是该民族精神情感的衍生物,具有内在的统一性,是同源共生、声气相通的文化共同体。我们所要保护的,正是这样一个文化整体。"①因此,在文化整体论的视野下,不仅是物质文化与非物质文化不能绝然地割裂开来,而且还必须把非物质文化与其所赖以产生、发展的社会和生态环境视为一个整体,将某一具体的非物质文化事象与其他的文化事象综合起来视为一个整体。总而言之,保护非物质文化,不是保护某一具体的文化事象,而是保护一个文化整体。

第四节　从文化变迁视角看文化的动态保护

文化变迁是一切文化发展的永恒现象,指的是由于民族社会内部的发展、生产力的提高、民族之间的接触,而引起一个民族的文化改变的现象。美国著名人类学家克莱德·M.伍兹认为:"变迁在所有社会文化系统中是一个永恒的现象,尽管变迁的速度和变迁的形式在不同的情形下大不相同。……一般来说,变迁是由于社会文化变迁或自然环境的变化而引起的。当环境的改变有利于新的思想模式和行为模

---

① 贺学君:《关于非物质文化遗产保护的理论思考》,《江西社会科学》2005年第2期。

式时,社会文化变迁的先决条件就已经具备了。"①每种文化都处在一种恒常的变迁中,任何一个民族从它的诞生时起,就在不断地变化,或发展或衰亡,体现民族特征的文化特点也随之变化。虽然稳定性是文化的一个典型而重要的特征,趋于稳定是各种文化的共性,但变化仍是不可阻挡的现象,一个时代的文化与另一个时代的文化有着显著性的差别,对这种变化的表述,理论界多用"文化变迁"一词。实质上,文化变迁是文化的创新发展,是在旧有文化模式基础上的结构性和整体性的变化。

(一)文化变迁的理论基础

通过对人类学的研究,我们发现:人类学的各种理论流派,几乎都是在对文化的定义和解释中发展起来的。一个多世纪以来,人类学的研究主要集中在文化方面,对文化变迁的关照,是人类学研究的恒久课题,各个学派都论述了文化变迁。古典进化论的代表人物泰勒、摩尔根等学者受达尔文生物进化思想的影响,试图以单一图式为基础对各种文化的发展历程作出解释,用文化进化理论来说明文化发展的普遍性,即文化变迁。尽管"人类心理的一致性"的前提假设虽有些真实因素,但并非所有文化都经历了相同的单线进化阶段,古典进化论过高地估计了独立发明的作用,忽视传播的功能。

---

① [美]克莱德·M.伍兹:《文化变迁》,施惟达、胡华生译,云南教育出版社1999年版,第22页。

　　文化传播论植根于广泛的文化借取或传播,注重文化的横向散布,否认进化论的单一发展图式,认为世界上不同地区不同民族的文化之所以类似,很少是因为共同进化的原因,而多是由某个地方一次产生并向各地传播造成的不同民族的文化传播和相互借取,这是民族传统文化发展的动力。

　　历史学派关于文化变迁的基本观点由美国人类学家博厄斯和他的门生所建构。历史学派重视单个文化特质的传播变化过程并以此来构拟文化史,还注重传播过程的调适和变化。历史学派理论主要注重文化模式中一般的相同和差异而忽视不太明显的细节,但强调细致的田野调查和详尽的民族志描述,研究者可以从中观察到文化变迁的过程。

　　功能学派认为应该把文化视为一个整体,反对美国历史学派把文化看成是由一些互不相关的文化特质构成的堆积体。马林诺夫斯基主张文化变迁是结构性的变化,文化变迁是人类文明的一项永久因素,变迁的动因一是独立的演化,一是传播。他认为文化具有功能,功能就是满足需要,把满足不断增加的需要作为文化变异的内部动力。拉得克里夫·布郎也强调文化的功能和整体性,他所强调的功能是指部分在社会整体中所起的作用,而不是满足生物需要,功能学派通过其功能的变化、消失和替代来实现文化变迁。

　　(二)文化变迁的原因

　　伍兹认为社会文化环境和自然环境的改变,是文化变迁的根本原因。"变迁通常随着社会文化环境或自然环境的改变而发生"。①

黄淑娉认为"促使文化变迁的原因,一是内部的,由社会内部的变化而引起;二是外部的,由自然环境的变化及社会文化环境的变化和迁徙、与其他民族的接触、政治制度的改变等而引起。当环境发生变化,人们以新的方式做出了反应,这种方式成为这一民族所具有的特质以后,可以认为文化发生了变迁。"②

(三) 文化变迁的机制

创新是文化变迁的主要机制之一。创新主要包括发现和发明,发现是对存在但未曾被知觉的事物产生认识的活动,而发明则是对存在的物质、状态和惯例的一个新综合。然而"发现和发明并不一定就会导致文化变迁。如果某项发明被社会所忽视、被埋没,它就不会引起任何文化上的后果。"③

传播(借取)是文化变迁的另一个重要介质。传播具有选择性、采借双向性。涵化是其第三个重要机制,它是指当一个社会与另一个经济文化上都比较强大的社会接触时,这个较弱小的社会经常被迫接受较强大的社会的众多文化要素,

---

① 〔美〕克莱德·M.伍兹:《文化变迁》,施惟达、胡华生译,云南教育出版社1999年版,第22页。

② 黄淑娉:《黄淑娉人类学民族学文集》,民族出版社2003年版,第322页。

③ 童恩正:《人类学与文化:童恩正学术文集》,重庆出版社1998年版,第205页。

这种由于两个社会的强弱关系而产生的广泛的文化假借过程即为涵化。涵化的结果有文化接受、文化附加、文化融合、文化创新、文化丧失和文化抗拒。

"静态保护还是动态保护"非物质文化遗产的问题，涉及的是非物质文化遗产的旧有形式应当保持不变，还是应当被允许作与时俱进的改进，而这种改进又能做到什么样的程度的争论？虽然大多数论者都主张动态保护，但由于缺乏深入探讨，人们的认识并不深刻，因而在实际工作中往往会堕入静态保护的窠臼。依照人类学的文化变迁理论，这种强调"被认定时的原貌"，主张实施"原汁原味"保护的观念，实际上忽视了文化的内在发展性。文化的均衡是相对的，文化的发展变化则是绝对的，随着社会的发展，大众的品味与兴趣必然发生变化，倘若像保护文物那样对非物质文化遗产进行凝固式化石式、标本式的保护，对非物质文化遗产项目僵化形式的保护只会使公共兴趣逐步削减。事实上，联合国教科文组织就将是否有持续发展的可能性列为世界非物质文化遗产申请保护的重要条件，并明确将"保护"界定为"确保非物质文化遗产生命力的各种措施"。可惜的是，很多人在审视传统文化保护的时候，往往忽视持续发展这一可能性，以为对那些濒临灭亡的对象的"保存"就是"保护"，对尚具生命力的传统则以维持旧制原貌"保留"为满足。因此，在动态保护非物质文化遗产方面，我们还有很长的路要走。不过，需要注意的是，强调非物质文化遗产内容的变迁性，强调其赖以为人类提供认同感和历史感的核心精神内涵就应加以持续传承与发扬。

第五节　从文化相对论角度看文化
阶层化的风险

　　文化相对论是人类学评估文化的基本准则。文化相对论认为所有的文化都是在特殊的环境下形成并与该环境相适应的,每一种文化都有其独特的价值,文化的价值并不是单一的,而是多元的,并不存在绝对的、普遍的价值标准,也就是说以一种文化的价值标准来衡量评价另一种文化背景下的行为,是缺乏科学根据,亦是不合理的。归结到一点,文化相对论认为,"同种类的文化之间是平等的,无所谓先进和落后,高级与低级之分"。

　　19 世纪末 20 世纪初,被誉为美国"人类学之父"的博厄斯(Frans Boas)通过对进化论和传播论的批判与扬弃,提出一种历史研究法,形成了文化人类学的文化史学派。文化史学派的主要观点有"文化历史主义"、"文化至上主义"和"文化相对论"(Cultural Relativism)。源于文化史学派的文化相对论到 20 世纪 40 年代又形成文化相对论学派。博厄兹是一个坚定的反种族主义者,具有鲜明的反种族主义立场,与欧美中心主义和种族压迫进行坚决的斗争,并从科学上论证了民族平等的思想。文化相对论的主要观点若按逻辑推理顺序排列似可归纳为:

　　1. 每个文化集团都是独一无二的。

2. 民族文化没有高低之分。

3. 因为一个民族的某些文化现象,在另一个民族看来,可能显得毫无意义,甚至野蛮之极,但若把这些文化现象置于当地人的生存环境及其历史传统的上下联系看,就容易使人明白其存在的缘由。

4. 正因为如此,衡量文化没有绝对、普遍的判别标准,一切道德评价标准都是相对的,不能用自身判断是非善恶的标准去判断另一种文化,不能用诠释框架去套用或解释其他文化现象。

纵观文化相对论的发展历程不难看出,文化相对论是伴随着对文化进化论的批判而产生的。文化进化论理论的核心是,人类社会的文化遵循一种由低级向高级发展的规律,是一个连续向上的发展过程,不同地区、民族的文化发展过程有着惊人的相似性。持文化进化论的学者认为,全人类的普遍的文化特性可以用生物的或心理特质作为基础来解释。与文化进化论不同的是,文化相对论认为,人类文化为诸多形态,如此众多的文化形态并不是由单一的人类文化进化而来,不存在人类文化的进化阶段,而是在不同的环境下产生的不同文化形态与文化模式,该文化形态是与所处环境相适应,相协调的,所产生的价值取向亦是根植于该文化形态所处的环境。因此每一文化都有其存在的独特性与合理性,与其他文化仅存在不同,不存在高低之分。每一种文化都有其独特的历史继承性,这也是为什么与人类社会其他要素相比,文化变迁会相对滞后的原因。正是基于这种原因,致使一个民族,一种文化在接受其他文化的往往怀有较强的抵触情绪。一种文化形态之所以与另一种文化形态存在不同，最主要的是由于两种文化形态具有不同的价值取向，在此情况下，不能也不应该用统一的价值标准去衡量。一种文化只能按照属于该文化的结构和价值来考察，并不是按照所谓的人类文化发展最高阶段的标准来划分级别。每一种文化都有其存在的理由，不同文化之间是相对的，平等的，都曾经或正在对人类历史的发展作出自己的贡献。文化人类学家主张，改造一个社会并不是人类学家的使命，文化人类学家的任务只是达到理解，去发现这些实践对于个别参与者的意义，确定这些实践在作为一个整体的文化关联中所起的作用。于是这一学派的文化人类学家在实践上倾向于采取一种宽容的态度来对待异族的风俗和信念，而不对民族文化作任何批评。

　　基于上述观点，我们的非物质文化遗产的分级名录体制和传承人制度，就需要防范可能带来的文化阶层化的不良影响，我国现将非物质文化遗产分为世界级、国家级、省级、地市级、县市级共五个等级。每一项非物质文化遗产之下都有代表性传承人和传承基地，这些代表性传承人和传承基地又因认定政府的级别差异而享受不同的待遇。这种名录体制的设置虽具有很强的舆论引导作用，有利于引导整个社会珍视自己的非物质文化遗产，但也有着潜在的负面影响，因为它有可能引起文化的阶层化，进而导致文化多样性受到破坏。

　　非物质文化遗产往往存在不同的形式，各种形式还存在着地域差别。每一个表演者都在传承各自的版本，如果这些不同版本中的某一个被认定为国家非物质文化遗产,其表演者被命名为代表性传承人,那么,就极有可能使被指定的版本被传承,而其他地域和个人的变化形式会被排斥。这是因为国家对某一项目和表演者的认定,提高了该表演者的社会地位和经济水平,使其获得了文化权利网络中的优势地位,也意味着为其赋予了文化权威性。如果年轻人倾向于学习被认定的项目,其他版本的传承者就会变得稀少,丰富的变化形式就会消亡。更重要的是,由于国家实行由政府认定的分级名录体制,众多的非物质文化遗产及其传承人被置于名录体系的阶梯网络中并被重塑,那些被纳入官方体系的非物质文化遗产又进而为国家所认定的各级传承人重塑成更为精深复杂的艺术形式。这些都使得传统文化遗产被打上了政治意识形态的烙印,既不利于文化本真性的保护,也不利于文化多样性的存在与发展。[①]

在实际工作中,这种阶梯分类的做法已在各个层次流行。例如,西部某地提出的工作口号就是要"力争每年命名 30—50 名专业的××歌手为省、州、县三级'优秀××歌手'和'××唱把式'等荣誉称号","力争申报命名一批国家级'民间艺术大师'、'名艺人'、'传承人'"。这种对于民间歌手的三级命名,就很有可能在该文化遗产内部造成人为的阶层化,使获更高级别称号的歌手所代表的种类获得文化阶梯上的优势。如

---

① 参见刘志军:《非物质文化遗产的人类学透视》,《浙江大学学报》2009年第 5 期。

果这一称号成为永久性的,则将使其内部各种类型的发展传承出现社会资源上的优劣之分,从而有损该遗产内部文化多样性的发展。因此,如果我们要在非物质文化遗产中保持更广泛的多样性,就应该思考该采取何种办法来超越被认定与未被认定的关系,并保持持久的文化相对性。我们在实践中引入代表名录激励机制和保护机制的同时,要高度注意避免排他性的制度安排,防止出现制度化的新的"文化筛选"。①

第六节　从主客位的理解
看地方性知识

一个地区的民众拥有当地文化知识的产权,这是毫无疑义的,他们对这些文化现象背后的意义有自己的理解,这也是毫无疑义的。然而要把这些理解当做非物质文化遗产叙述出来,只能是调查者和研究者们完成的事情。学者对某地的民间文化无论多么熟悉,但也只是"熟悉"而已,他不可能是一个真正的当地民众,他不可能完全和当地人一样去生活、思考。

正因为如此,人类学需要"田野作为",同理,非物质文化遗产调查,首先要确立主位和客位的立场。就是把当地演唱

---

① 参见刘志军:《非物质文化遗产的人类学透视》,《浙江大学学报》2009年第5期。

者的观点和研究者的观点区分开来,或者说要区分文化主位
(emic)即拥有民间文学的当地人的观点与文化客位(etic)即
文化的记录者和研究者的看法。说得具体些,"主位研究强
调在研究中,要求调查者去习得被调查者所具有的地方性知
识和世界观,即研究者不受自身文化的束缚,置于被研究者的
立场上,去理解和研究问题。否则,观察者在一个陌生的文化
模式中,只能看到若干不相关联的因素,而看不到一个整体。
它强调能用本地人的观点来努力理解当地人的文化。而客位
研究是以调查者本身的立场为出发点来理解文化,研究者所
使用的观念并不是当地人的观点。"①这是对认知人类学
(Cognitive Anthropology)方法的借鉴。

人们总是想象非物质文化遗产,或者说民间社会是一个
统一的整体,民众生活的内部结构具有内在的一致性,口头传
统的结构模式先于研究者之前就早已存在了。这应该符合结
构主义的思维路径。结构主义大师列维-斯特劳斯(Levi-
Strauss)认为:"神话、习俗、姻亲关系等都被共同的深层结构
所控制,一个遵守这些习俗或神话的民族自己不会感到这深
层结构,就像以汉语为母语的人并不感到自己说的话服从于
汉语的语法规则一样。"②结构主义的核心范畴是"结构",在
结构内部有一个中心。正是这个中心将事物和结构的各种因
素组织起来,使之成为一个统一的整体。

---

① 麻国庆:《走进他者的世界》,学苑出版社 2010 年版,第 34 页。
② 赵毅衡:《符号学文学论文集》,百花文艺出版社 2004 年版,第 34 页。

　　主位和客位只是非物质文化遗产调查的立场或意识的问题,无论是主位还是客位都不像一般人所认为的那样是纯粹一体的,相反,客位以它的另一面——主位为前提条件,没有后者也就没有它本身,反之亦然。它们中各自深深隐含着它们的对立面,主位和客位都不是纯一的而是异质的。真正的田野作业不可能只是主位立场或客位立场,两种立场应该是相辅相成的,主位中有客位,客位中有主位。这种认识是受到埃德·胡塞尔(Edmund Husserl)现象学的指引,非物质文化遗产调查面对的是意识方式下的对象,也就是说,所谓的主位经过了意识方式的判定。①

　　下面,笔者将立足当代文化遗产理论与保护实践、知识社会史以及民族志反思等理论视野,以歌谣为例,从文本和实践两个层次对歌谣被遗产化的过程进行深入分析,以期为非物质文化遗产保护与地方社会研究提供一个深入观察的个案。

---

　　①　参见万建中:《非物质文化遗产调查中的主体问题》,《北京师范大学学报》2005 年第 6 期。

第三章　歌谣研究的流变与趋向

第一节　中国古代歌谣学术溯源

中国的民间歌谣,在上古时代就已口头流传,先秦诸子、《左传》、《战国策》等书有一些记载,但是正统文人认为谣谚"文辞鄙俚",没有把它作为一种文化文本去搜集整理。

郗慧民先生在《西北民族歌谣学》①中,对中国古代的歌谣学活动做了详细的考察。他认为,我国早在周代就有了采集民间歌谣的制度。据史学家研究,采诗是我国氏族社会的遗风,周王朝的统治者继承了这一制度,设立了专门的采诗官员来负责,《礼记·王制》载曰:"天子五年一巡守(视察)……命太师陈诗以观民风。"到汉朝记载这种风气的著作较多,《汉书·艺文志》曰:"古有采诗之官,王者所以观风俗,知得失,自考证也。"《春秋·公羊传》的注者何休说得更为具体:

---

① 郗慧民:《西北民族歌谣学》,民族出版社2001年版。

"男女有所怨恨,相从而歌,饥者歌其食,劳者歌其事。男年六十,女年五十无子者,官衣食之,使之民间求诗,乡移于邑,邑移于国,国以闻天子。故王者不出牖户尽知天下所苦,不下堂而知四方。"由于民众盛唱民歌,政府重视民歌,才有我国第一部民间歌谣总集《诗经》的出现。随后汉朝设乐府机构,专门采集民间歌谣,唐宋以后各种正史野史或文学著作中以各种方式保留了大量的古代歌谣。① 宋朝郭茂倩《乐府诗集》编成《杂歌谣辞》篇,收录上古到唐、五代谣谚一百二十余则,但搜罗既杂又不全。至元人左克明《古乐府》十卷其卷一"古歌谣辞"共收三代至陈隋古谣七十四首,刘履《风雅翼》十四卷中卷九、卷十取古歌谣辞之散见诸书者四十二首,再至明人冯惟讷《古诗纪》一百五十六卷、臧懋循《唐诗所》四十七卷、唐汝谔《古诗解》二十四卷等书所编歌谣,虽所录有所增减,但编纂情形与《乐府诗集》大体相同,没有超过郭茂倩的编选成就。歌谣专辑以明代杨慎《古今风谣》(一卷)始,而后有郭子章编《六语》三十一卷。清代杜文澜《古谣谚》辑录古代歌谣最为著称。该著共一百卷,辑录上古至明代的谣谚三千三百多首,引书达八百六十种,美中不足是谣谚杂陈。今人逯钦立在冯惟讷《古诗纪》、丁福保《全汉三国晋南北朝诗》的基础上绕摭上古迄隋末的诗歌,辑校《先秦汉魏晋南北朝诗》,详注出处及版本异文,"片辞只语,厥为珍宝","以较杜文澜《古

---

① 郗慧民:《西北民族歌谣学》,民族出版社 2001 年版,第 2—3 页。

谣谚》,此或增其所无,间亦略其所有"①,是收录先唐歌诗谣谚最完备、考订最精密的著作。②

我国古代文人对不同时期的歌谣的研究是不平衡的,其中以对周代歌谣《诗经》的研究最为重视。《毛诗序》是先秦至两汉时期儒家论述《诗经》的总结。《毛诗序》即毛亨、毛苌所传授《诗经》的序言(称做"大序")和每首诗题解(称做"小序")的合称,其中序言部分对诗歌的许多重要问题都进行了论述。它阐明了诗歌的言志抒情的特征和诗歌与音乐、舞蹈的相互关系,指出了那个时代的政治情况往往在音乐和诗歌的内容里面反映出来。而关于这些论述又贯穿着一个总的中心思想:诗歌具有"上以风化下,下以风刺上"的社会作用,因此,诗歌必须"发呼情,止乎礼义",为统治阶级的政治服务。

从西汉到清代,古代文人一直在研究、论述《诗经》,大体经历了这样四个阶段:一是西汉时期,主要流行鲁、燕、齐三家传授的《诗经》(即鲁人申培、燕人韩婴和齐人辕固三位学者所传授的《诗经》),他们用阴阳五行曲解《诗》的原意;二是东汉时期,尊崇《毛诗》的学者又用历史证诗,同样曲解《诗》的原意;三是自宋至明,以朱熹为代表的学者打破《毛诗》穿凿附会解诗的框框,利用《诗》来宣扬他的理学,仍不能正确认识《诗》的价值;四是到了清代,研究者注重考据、训诂,又复

---

① 逯钦立:《先秦汉魏晋南北朝诗》,中华书局1983年版,第2页。
② 参见闫雪莹:《百年(1900—2007)中国古代歌谣研究述略》,《东北师大学报》2008年第4期。

古到《毛诗》的研究作风上去了①。总起来说，古代文人虽然在研究《诗经》中取得了不少成绩，但始终未能彻底摆脱封建教条的束缚，无法理解《诗经》的真正价值。②

　　秦汉之前，由于统治者认为民间歌谣能够观风俗、察得失，采集歌谣就成了他们的一项重要的政治措施，于是形成了采集歌谣的制度。儒家学者从自己的政治观念出发，把民歌集《诗三百篇》作为道德教科书对待，对它们进行了认真而郑重的研究。而汉代以后，随着《诗三百篇》被尊为儒家经典，这种研究活动就更加认真和郑重了，而且一直延续到了清代。冯梦龙在编辑民歌集同时，通过《山歌》一书的简短前言——《叙山歌》，表达了他对民歌的见解。他认为《诗三百篇》中有不少民歌是写爱情的，由于唱出了真情，孔子照样把它们编进了《诗经》；而当今的民歌，虽然粗俗，其实也同郑、卫之风一样值得保存。但是，当文人掌握诗文之后，俚俗的民歌就被排除在诗坛之外了。冯梦龙正确地指出："有假诗文，无假山歌"，有无"真情"正是民间歌谣同正统诗文的本质区别。这些见解都触及了民歌的要害。③

　　清代杜文澜在编辑《古谣谚》时，通过该书的"凡例"来表明他对"歌""谣""谚"的认识，特别从多种角度阐述他对"谣""谚"的理解，可说是一篇关于"谣""谚"界说的专篇论文。清代著名经学家刘毓崧为《古谣谚》作序，在评价该书取

---

①　周满江：《诗经》，上海古籍出版社1980年版，第113页。

②　参见郜慧民：《西北民族歌谣学》，民族出版社2001年版，第5页。

③　参见郜慧民：《西北民族歌谣学》，民族出版社2001年版，第6页。

得巨大成就的同时,也表明了他对民间谣谚的看法。他认为:诗歌的本质特点在于"言志",风雅之诗是"言志",民间歌谣也同样在"言志";所不同的只是前者"著于文字",后者"发于语言"罢了。他指出:《古谣谚》的编辑抓住了言公众之"志"这个本质特点,也就抓住了诗教的根本。①

第二节　民国时期的"歌谣运动"再研判

20世纪初,中国近代一些知识分子将目光投向民间,借助民间文学,把歌谣从传统文化的边缘位置拉到学术的中心视野,表现出明显的民主主义思想倾向。对近代歌谣的全面整理研究工作,始于民国七年(1919年)北京大学的歌谣征集活动,一大批优秀的学者开始从事歌谣的整理和研究工作,成为中国民俗学的发端。

1918年2月1日,刘半农在《北京大学日刊》上刊登《北京大学征集全国近世歌谣简章》,与此同时,北京大学校长蔡元培发表《校长启事》,号召全校教职工和学生都参与到歌谣的搜集活动中来,并成立了由刘半农、沈兼士、沈尹默、钱玄同组成的北京大学歌谣征集处即歌谣研究会,掀起了风行全国的歌谣运动。1922年12月17日北大《歌谣》周刊创刊,它是当时中国研究歌谣和民俗的主要阵地,是"我国第一个专门

---

① 参见郗慧民:《西北民族歌谣学》,民族出版社2001年版,第6页。

的民俗学和民间文学的刊物"①。紧接着,广州、杭州等地由顾颉刚、容肇祖、董作宾、钟敬文等人先后掀起搜集歌谣及民俗的热潮,创办了《民俗》周刊。1923年,北京大学又成立了"风俗调查会"。抱着建设新文学和新文化理想的诗人、学者们四处搜集、征集歌谣,创作民歌体新诗,把民风民俗当做一门新兴的学问来研究。至1942年延安文艺座谈会后,在党的文艺政策指导下,解放区进行了广泛的歌谣搜集和整理工作②。

一、沿歌谣的定义及文化意涵打开视角

那么"歌谣"的含义是什么呢?对此,在民国前期的"歌谣运动"中,学者们曾下过很大工夫加以探讨。

周作人说:"歌谣"的字义与"民歌"相同,指"口唱及合乐的歌";"民歌"就是"原始社会的诗"。胡怀琛的专著《中国民歌研究》指出,民歌就是"流传在平民口头上的诗歌"。这样的诗歌,歌咏平民的生活、浸染着贵族的色彩,没有经过雕琢,"全是天籁"。

不过,在同一时期从理论上对"歌谣"加以系统界说的,当数朱自清和他开讲的"歌谣"课程及其延伸成果《中国歌谣》。《中国歌谣》大量征引了《歌谣》周刊的材料,全面地梳理和批判地继承了此前本土学者的种种理论学说,吸取了国

---

① 朱自清:《中国歌谣》,复旦大学出版社2004年版,第1—3页。
② 参见朱自清:《中国歌谣》,复旦大学出版社2004年版,第1—3页。

外现代歌谣研究理论和成果,所论包括歌谣的起源、演进、分类与修辞等问题,形成了中国歌谣学的基本理论框架。"《中国歌谣》以国学的传统为背景,将歌谣的地位进一步上升到国学并且融会进国学。《中国歌谣》是晚清以来歌谣研究的集大成之作"。①

朱自清在《中国歌谣》中说,"我们所谓歌谣,是什么意义呢? 我们对于歌谣有正确的认识,是在民国七年北京大学开始征集歌谣的时候。这件事有多少'外国的影响',我不敢说,但我们研究的时候参考些外国的资料,我想是有益的。我们在十一年前,虽已有了正确的歌谣认识,但直到现在,似乎还没有正确的歌谣的解说。"②可见朱自清不仅对现代中国民俗学的先声——歌谣运动了如指掌,而且是把自己看做中国歌谣运动中的一员,并以正确"解说"中国歌谣为己任。

民间文艺具有民俗和文艺双重性质,"歌谣"也可以看做民众情感的一种表达形式。所以有不少中外研究者是从民俗视角来研究歌谣的。朱自清所认识到的"歌谣原是流行民间的,它不能有个性……所以可以说,第一身、第三身,都是歌谣随便采用的形式,无甚轻重可言。"③这是对民间歌谣的"群体意识团块性"的认识。歌谣是特定民俗群体的集体意识的反映。一般人认为文艺是从劳动中产生的,其实文艺的源

---

① 徐建新:《民歌与国学——民国早期"歌谣运动"的回顾与思考》,巴蜀书社 2006 年版,第 231—236 页。

② 参见朱自清:《中国歌谣》,复旦大学出版社 2004 年版,第 1—3 页。

③ 朱自清:《中国歌谣》,复旦大学出版社 2004 年版,第 1—3 页。

头——民间文艺起先并非直接产生于生产劳动。人类早期的
两大生产中首先萌发的文化意识,是浑然一体的民俗,而不是
独立成体的文艺。如同事物的形成往往有一个中间环节那
样,最早的文艺在其形成的过程中,也经过了民俗中介的过
渡。它首先附属于原始巫术这一民俗礼仪,其文学性是潜藏
在这类活动中的,后来的人们是在民俗礼仪活动及观念淡化
的情况下,从裸露的词语里肯定它的文学价值的。所以朱自
清说"歌谣起于文字之先,全靠口耳相传,心心相印,一代一
代地保存着。它并无定形,可以自由地改变、适应。它是有生
命的;它在成长与发展,正和别的有机体一样。"民间歌谣正
是民俗的一个部分,"故事一天有民众唱着,便一天没有完
成;它老是在制造之中,制造的人就是民众。"朱自清在对歌
谣起源的探讨中体现出来的正是一种朴素的民俗学的理念。

　　在"歌谣释名"中,朱自清认为英文"folksong"和
"peoplesong"含有"生于民间,为民间所用以表现情绪"之意,
较符合当时对"歌谣"的一般观念,所以用以对应"歌谣"较
好。① 这就理清了"folksong"和"ballad"即歌谣与叙事歌各自
的从属关系和双方的对应关系。同时确定用"民间性"改写
古时的"口唱及合乐"这一内涵,还用歌谣的民俗学研究去
"还原"《诗经》、乐府等古典诗集的"本来面目"。因此,《中
国歌谣》一书从歌谣的角度入手,也是从民俗学的视角切入,
为《诗经》、乐府等经典文学正本清源。

----

① 参见朱自清:《中国歌谣》,复旦大学出版社 2004 年版,第 1—3 页。

这样,既然"歌谣"属于底层民众的口头传唱,没有文字传承,又不受正统官书重视,长期消隐在民间社会看不见的日常底层之中,所以要想研究的话,首要任务只能是先行采集——若无材料的齐备,所谓歌谣研究只能停留在"好事者的谈助"上。也就是说,要想真正认识民众,就得了解"民情"(folklore),而要了解民情,就得去采"民歌"。

可见,从"民"发现到"歌谣"的采集,"歌谣学运动"的参与者们实际走着一条由"民"而"学",又由"学"而"民"的循环往复之路。

二、原则和方法:歌谣研究中产生的定例

(一)关于搜集歌谣的原则

《歌谣》周刊以学术研究为搜集歌谣之首要目的,从一开始就主张全面、真实、科学地搜集整理原则,具体表现在①:
(1)不限定歌谣的性质与内容,"即语涉迷信或猥亵者亦有研究之价值,当一并录寄,不必先有寄稿者加以斟择"②。周作人先生就说"我们所要的是民歌,是民俗研究的资料,不是纯粹的抒情或教训诗,所以无论如何粗鄙,都要收集保存。对那些内容上、形式上大同小异的歌谣,《歌谣》周刊更是重视,认为他们于比较研究上极有价值,由此才产生了中国歌谣比较

---

① 朱爱东:《双重视角下的歌谣学研究——北大歌谣周刊对中国歌谣学研究的意义》,《思想战线》2002 年第 2 期。
② 《歌谣》周刊影印本,中国民间文艺出版社 1985 年版。

研究的经典之作《看见她》。"（2）强调保持歌谣的真实面貌。《歌谣》周刊在《简章》中规定"歌谣文俗，一仍其真，不可加以润饰，俗字俗语亦不可改为官话"，因为民歌一经文人修饰便成为文艺作品，便会减少科学价值。为何做此特别规定，钟敬文先生在《歌谣杂谈》中道出了原因。他指出，中国从古代保存下来的歌谣，十之八九经过了采集者的修改，"增削任情是中国人对歌谣的传统方法"，"因为前人对于歌谣，多半是取其内涵的义理，而不注重其外表的语句——无论歌谣之附会者或鉴赏者，都是如此"。（3）保留歌谣的方言特征。认为歌谣是一种方言的文学，歌谣里所用的词语常带有地域性；如果研究歌谣而忽却方言，则歌谣的意思、情趣、音调等便会受到损失，所以研究方言可以说是研究歌谣的第一步基础工夫。（第36号）①这方面顾颉刚可谓最佳实践者，其《吴歌甲集》收集歌谣100首，几乎每首都有详细的注释，包括特殊方言字的读音、方言词语的意义及地方风俗风物的解释等。当时的歌谣研究者还非常重视歌谣的方音，认为歌谣不仅是方言的诗，也是方音的诗，若不用方音记录，歌谣便只能看不能读。最终，歌谣研究会与方言调查会合作，根据国际音标制定了一套标注各地方言读音的音标，还给出了北京、苏州、南阳、昆明、广州等15种主要方言的标音实例，②（第55号）其用心之笃、用力之勤，令人印象深刻。尽管用音标标记歌谣读音的做法

---

① 《歌谣》周刊影印本，中国民间文艺出版社1985年版。
② 《歌谣》周刊影印本，中国民间文艺出版社1985年版。

最终并未能普遍实行起来,但强调歌谣与方言关系的重要并将歌谣研究与方言研究相结合,无疑是这一时期歌谣搜集整理研究的主要特点之一。(4)注意搜集歌谣。由于从民俗的角度看待歌谣,自然会在关注歌谣文本的同时注意歌谣与生活的关系,如记录儿歌时也记录下儿童和母亲唱儿歌时的情景。①(第2卷第1期,第3卷第1期)注意喜歌、夯歌、"实解"歌种医事用的歌等仪式歌、劳动歌、生活歌的搜集等等。

(二)关于歌谣研究的方法

《歌谣》周刊时期,中国的歌谣研究方法受国外的影响不大,所使用的方法主要有文献法、考证法、文学研究法、分析研究法和比较研究法,其中最有意义的当数比较研究法。

《歌谣》周刊在创刊伊始就首先注意到对大同小异的歌谣进行比较研究的价值。②(第1号)而最早提出比较研究方法的则是胡适先生。1922年12月4日,他在《努力》第31期上发表的《歌谣的比较的研究法的一个例》文中,详细阐述了"比较研究法"的实质:"研究歌谣,有一个很有趣的法子,就是'比较的研究法',有许多歌谣是大同小异的。大同的地方,是它们的本质,在文学的术语上叫做'母题'。小异的地方,是随时随地添上的枝叶细节。往往有一个'母题',从北方直传到南方,从江苏直传到四川,随地加上许多'本地风

---

① 《歌谣》周刊影印本,中国民间文艺出版社1985年版。
② 《歌谣》周刊影印本,中国民间文艺出版社1985年版。

光’；变到末了，几乎句句变了，字字变了，仍旧可以看出它们原来同出于一个‘母题’。这种研究法，叫做‘比较研究法’。”①（第 3 卷第 2 期）

还不止于此，朱自清对科学的民俗学研究方法的关注和自觉采用，也在《中国歌谣》中有所体现。在第二章“歌谣的起源与发展”中对“歌谣的传布转变与制造”的研究方法作评述时，作者就对芬兰学派的“史地研究法”比较赞赏。他说“《清华》周刊三十一卷第四六四五号有 R. D. jiameson 先生《比较民俗学方法论》（comeparative folklore methodological notes）一文，介绍芬兰学派的史地研究法（Historicogeographical Method），来研究歌谣的传布与转变。

《歌谣》周刊复刊后的钟敬文为代表的民俗学者有着重民俗学理论及将民俗学与人类学、民族学等冶于一炉之倾向，②但《歌谣》周刊上除个别文章提及这几门学科之间的密切关系外，这一新的研究倾向尚不明显。此外，《歌谣》周刊积极了解与介绍国外歌谣研究的状况、注意歌谣研究与民俗文学研究的关系等做法亦非常值得我们学习与借鉴。

当然，《歌谣》周刊代表着中国歌谣学研究的形成期，自身也难免带有一些不足，如研究上缺乏理论和方法论意识，欠缺深入的田野调查研究，对少数民族歌谣的研究不够等等，但

---

① 《歌谣》周刊影印本，中国民间文艺出版社 1985 年版。
② 参见王文宝：《中国民俗学发展史》，辽宁大学出版社 1990 年版，第 119 页。

这些都无碍于《歌谣》周刊在中国歌谣学发展史中不可替代的地位,而且我们相信,《歌谣》周刊所极力倡导和实践的多角度、多学科的研究取向与方法,正是中国的歌谣学和民间文学研究摆脱目前困境的正确途径。①

第三节　新中国成立以后的歌谣学

新中国成立以后歌谣学活动发展情况是不平衡的。1950年3月,中国民间文艺研究会成立,从此民间文学有了组织领导机构,歌谣学活动在全国范围内有组织地开展起来,出版了不少歌谣选本,影响较大的有:《陕北民歌选》(何其芳、张松如选辑)、《信天游》(严辰编)、《东蒙民歌选》(安波编)和《爬山歌选》(韩燕如编)等。

1958 年,由于中国共产党和毛泽东的提倡,《人民日报》发表了《大规模地搜集全国民歌》的社论,《民间文学》杂志也发表了《郭沫若关于大规模搜集民歌问题答〈民间文学〉编辑部》的文章,采风活动在全国大规模地掀起,出版和编印的民歌集数以千计。

1966 年至 1976 年的"文革"十年期间,民间文学事业遭到极"左"路线的严重破坏,歌手、艺人和研究人员遭受迫害,

---

① 参见朱爱东:《双重视角下的歌谣学研究——北大歌谣周刊对中国歌谣学研究的意义》,《思想战线》2002 年第 2 期。

研究机构被撤销,歌谣的搜集整理和研究工作处于停顿状态。

20 世纪 80 年代初,民间文学和歌谣学活动复苏,全国各地有大量民歌选集出版;1984 年文化部、国家民委和中国民间文艺研究会联合发出通知,决定在全国范围内组织人力,在普查的基础上,编辑出版《中国歌谣集成》等民间文学三套集成。而歌谣的研究,随着民俗调查研究工作的恢复,以及不断深入扩大并越来越走向科学化,相关研究取得了大量令人可喜的成果。1984 年 11 月 16 日,中国歌谣学会成立,出版不定期的《中国歌谣报》,继承歌谣学活动优良传统,推动歌谣的搜集整理和研究工作,为建立中国歌谣学而努力工作。

20 世纪 80 年代初至 20 世纪末,这二十年是中国古代歌谣研究从复苏到逐渐繁荣的阶段,研究方法上仍然主要运用文史结合的方法。专著主要有:张紫晨的《歌谣小史》,谢贵安的《中国谶谣文化研究》,杨民康的《中国民歌与乡土社会》,赵晓兰的《歌谣学概要》,刘荣升的《民谣背后的官场内幕》等。

进入 21 世纪,歌谣研究呈现出两个突出的特点:一是学术含量增加;二是多元化的研究方法正在形成。主要专著有郗慧民的《西北民族歌谣学》,朱秋枫的《浙江歌谣源流史》,吕肖奂的《中国古代民谣研究》,栾保群的《历史上的谣与谶》,徐建新的《民歌与国学——民国早期"歌谣运动"的回顾与思考》,苑利主编的《二十世纪中国民俗学经典·史诗歌谣卷》。译著有:法国葛兰言的《古代中国的节庆与歌谣》、美国阿兰鲍尔德的《民谣》。这八年时间的研究成果呈现出一种多学科交叉整合的局面,视角更加开阔,传播学、社会学、文化人类学等学科的介入,丰富了中国歌谣的研究。①

第四节　歌谣释义

歌谣与民歌两个词习惯上是可以通用的,都可作为民间歌曲的总称,尽管实际上歌与谣从来就是有区别的。虽然从词上说,歌与谣的词都是诗,从“声”上说也都有不同程度的音乐性,但两者的差别是很大的;其不同处也可说是一目了然的。它们在“声”和词的语言结构、流传方式以及社会功能上,都不相同。民歌是有曲调、能唱的;民谣则有一定的节奏,依靠吟、念、诵而流传。

《毛诗》说:“曲合乐曰歌,徒歌曰谣。”

杜文澜《古谣谚》凡例说:“歌与谣相对,有独歌、合乐之分,而歌究系总名,凡单言之,则徒歌亦为歌。”

《初学记·采部上》引韩章句云:“有章曲曰歌,五章曲曰谣。”朱自清解释说:“章,乐章也”,“无章曲,所谓‘徒歌’也。”②

---

① 参见闫雪莹:《百年(1900—2007)中国古代歌谣研究述略》,《东北师大学报》2008 年第 4 期。

② 朱自清:《中国歌谣》,复旦大学出版社 2004 年版,第 1 页。

　　综上所述,歌与谣的区别首先在于一个是合乐,一个是不合乐,即一人独自空歌,这中间对歌的解释,也非无疑义。所谓"合乐"一说是演唱时有乐器伴奏。据证《诗经》都是乐歌,只是乐曲未流传下来,今天只能读到它的辞。汉魏乐府也都伴乐演奏。但是,民间流传的歌,正如郑振铎先生所说:"盖凡民歌,差不多都是'徒歌'的。"这就是说,不伴乐器而由歌者独唱,当然是有章曲的。

　　对谣历来也有不同的解释,其一即它是不合乐的"徒歌"。《尔雅》释乐旧注:"谣,所无丝竹之类,独歌之。"依此说法,不伴乐器的一人独歌曰谣,实则民间流传的民歌,不伴乐器,独唱也是有章曲的,这仍然是民歌而并非民谣。六朝新乐府《清商曲词》所谓"清商",即不伴乐器的"徒歌"。今天民间山野或节日对歌也莫不是一个独歌或多人集体对歌,这里所谓"徒歌"显然不能称之为谣。民谣不仅是不合乐演奏的,也是无章曲而以吟诵流传的,这才合乎今天"谣"的概念和实际。《诗经·园有桃》:"心之忧矣,我歌且谣",高亨注:"唱有曲调为歌,唱无曲调为谣。"严格说来,唱无曲调的词不叫"唱"应叫"吟诵",但有时约定俗成也有把"诵诗"叫"唱诗"的。因此,这个解释比较确切,比较科学。①

_____

　　① 《中国民间歌谣集成·甘肃卷》(序),中国民间文学集成全国编辑委员会,中国 ISBN 中心 2000 年版。

第五节　非典型性梳理：从钟敬文到葛兰言

一、民俗学家钟敬文对歌谣的研究

关于歌谣研究，钟敬文在为纪念五四运动 60 周年而写的《"五四"前后的歌谣学运动》中记述了其历程。虽然这篇文章并没有直接讲述作者自己的歌谣研究，但是在指出现代歌谣研究的得失的同时，作者表现出了其自身的研究特色。例如他说："当时歌谣学的目的既是文艺学的（包括文艺鉴赏、文艺创作在内），又是民俗学的，或社会学的（包括语言学、方言学等在内）。"他指出了当时领导歌谣学运动的沈尹默是优秀的诗人和古典文学研究家，周启明（作人）因在留学时受英国人类学派的影响而关注研究民间故事和歌谣等。这与他本人是诗人，在古典文学方面造诣很深，又留学日本并吸收了日本民俗学成果的情况有关。其次，钟敬文又指出，五四以来的歌谣学表现出明显的民主主义思想的倾向，即以科学的思想和态度进行研究。

钟敬文本人对歌谣是怎样认识的呢？关于其见解，他在诸多论文中用许多形式论述过①。例如在《〈江苏歌谣集〉序》中认为，要了解一个国家、一个民族的民众生活史，在那

---

① ［日］西胁隆夫：《钟敬文与歌谣研究》，赵宗福译，《青海民族学院学报》2000 年 1 月。

些官方的历史书里是找不到的,而必须要去请教"民间的文献"。歌谣就是其中有力的一种。他指出:"有些外国学者认为民众的歌谣,是他们国民史和家族史的寄托者,也是他们信仰的寄托者。……歌谣固然保存着远古社会历史的事实,她也有力地表现着各个朝代(包括现代)民众的心情和社会活动。从教育,尤其是民众教育的立场说,歌谣更是一件很重要的东西。歌谣原是民众的读物,她在缺少文化的民间,是悠久地广泛地担任着教化、训导的教育责任的。"

关于歌谣产生的机能,钟敬文在《中国民谣技能试论》中就依次进行了研究:第一,民谣是直接地为协助劳动而产生的;第二,它发挥着消除灾害的咒语的作用;第三,用来在新年、婚礼等仪式中祈求福祉;第四,为了用以感召神等超自然者;第五,作为传达地理、植物、风俗等知识的手段;第六,为用来占卜等。此外在这篇论文中就关于柳田的论述也很值得注意,书中谈道:"柳田国男氏在许多地方,曾一再表示过下面一种意见:日本是最适宜于从事民俗学研究的一个国家。因为在西洋若干文明国家中早已销声匿迹了的旧风古俗,在日本现在还是丰富地存活着。我觉得把这意见移用到中国来,是再恰当没有的。而我们现在所说的民谣方面,尤其是这样。"

关于歌谣的表现方式,钟敬文在《歌谣的一种表现法》中引用汉代的歌谣、子夜曲等对双关语做了探讨:"这种双关语的表现法,在歌谣中的势力颇具普遍。最大的原故,是歌谣为'口唱的文学',所以能适合于这种'利用声音的关系'的表现,尤其是表现关于恋爱的文艺,如私情歌,这种婉转动人的方法,更为切用而且多用。"接着作者以自己采集来的山歌为例分析了这种表现手法。

钟敬文于1993年写的题为《我的学术历程》中回忆了自己的研究活动,对歌谣的研究他做了如下表述:"我在1924年写作了15则《歌谣杂谈》(陆续发表于《歌谣》周刊)。这些文章现在看来只是一些小学生的习作。但是,不要忘记,它是我少年时期对这门学术倾注着满腔热情写出来的,它也是我此后数十年这方面学术活动早期的'星星之火'。"

这里谈到的《歌谣杂谈》中,有写关于钟敬文的故乡海丰县的歌谣的《海丰人表现于歌谣中的婚姻观》《海丰的畲歌》《谈谈海丰医事用的歌谣》《再谈海丰医事用的歌谣》等。这些文章都很短,不像论文,说是采集、调查的报告更合适,但也可以说是其歌谣研究的第一步或原点。对歌谣的提及和歌谣的研究,以古典文学上极深的造诣、对外国文学研究的广博知识,同时还有有关实地调查的经验作为基础,从其以上著作中就可以窥见一斑。

关于海丰县的歌谣,作者在《客音的山歌》(1927年)中根据三种方言划分为用本地话(也就是广东话)唱的"粤讴"、用福老话(福建话)唱的"畲歌"、用客家话唱的"山歌"。除了这些之外,还有瑶族、疍民等歌谣,钟敬文自豪地说:"我们广东,……论到民众的文艺,它却是一个金碧辉煌的宝库。"进而又列举清朝的诗人王世祯、李调元、黄遵宪等人曾言及广东的山歌。还说山歌在广西、云南、江苏、浙江等地也都有;山歌具有特异的表现法,即多用双关语或隐语,其内容大多是取材于情爱和性爱的情歌,而且他们有"对歌"的风俗(也叫歌垣)。

关于山歌,钟敬文在《山歌》(1924 年,《歌谣》71 号)和《答顾颉刚先生讨论山歌的信》(1924 年,《歌谣》78 号)中论述对山歌的定义和区分:"我们海丰的地势是东、西、北三面是山,居民在山中劳动,他们随口唱出来的就是山歌,有的叫做客歌是由于歌手多是客家人,其内容与恋爱有关的很多。"他认为山歌也可以说是情歌,但其中也有地理、历史、故事、传说的内容,它是山村的人们用七言(一句七个字)形式唱的歌。

关于疍民的起源,他举出有南蛮之一说,有一部分是从山上迁入的苗民说,有他们的祖先因避战乱潜居水上而形成习惯说等说法,似乎哪种说法也有可信之处,最后如何选择真正的一种说法,那样的研究是人类学者、民族学者的工作。他们的生活概况与开化较迟的民族相同,以船为家,靠捕鱼为业,生活中最大的安慰和悦乐就是唱歌。这种歌叫做咸水歌,也叫咸水叹、后船歌,是否流行于所有的疍民中还不能断定,但是在广东沿海一带流传是肯定的。其形式与各地流行的相似,大多是七言四句体,一般来说每首由一章构成,也有二章以上的,但为数不多。各句末尾有一个助词"罗"字,与楚辞的"兮"一样。其内容大概以歌唱爱情的居多,如果用南北朝的歌谣来类比,山歌是南方的子夜歌之类,咸水歌则是北方的横吹曲。

钟敬文在介绍疍民的文章开头这样论述道:“中国本部境内,除了我们汉族以外,尚有许多山居水泛的开化较迟的民族。如云南、贵州一带的倮㑩,两广、湖南一带的瑶民,广西境内的僮人,西南各省的苗民,东南沿海的疍户,这都是彰明昭著的。我们谁都知道:一个民族文化的高下,与他们的文学(民族心声的歌谣)是很有关连的。”这里从汉族的角度进一步把眼界放到多民族的口承文学,强调了对它们发掘的意义。

二、人类学家葛兰言对《诗经》的研究

在20世纪,国外的《诗经》研究中,运用文化人类学、民族学的尝试以法国的葛兰言(1844—1940)最有成就,日本的松本雅明、白川静等学者都不同程度地受到葛兰言的影响。他和传统的以及同期中国的《诗经》研究最大的不同,是用异文化、跨文化的视角,比较系统地对《诗经》进行了新的探索。

葛兰言的《古代中国的节庆与歌谣》一书,通过对《诗经·国风》的研究,探讨了中国文化的基本特质。这部著作尝试了将历史文本作为“田野”进行社会学研究。

作为法国社会学派的代表人物涂尔干和莫斯的弟子,同时又作为法国著名汉学家沙畹的高徒,葛兰言融合了两家之长,成功地运用法国社会学的理论及分析方法,佐以丰富的民族学资料作为对比分析来考察中国古代的社会、文化、宗教和礼俗。基于对欧美人类学的方法和思想的整体反思,作者一改过去西方人类学者对中国研究的基本思路和研究途径,以独特的视角“试图借助中国古典文献《诗经》和在其他文献中

得以保留甚至在现代中国地方、基层人们的生活中有所保留的歌谣、节庆等，通过中国古典文献和民俗的历史残存来解读和阐释中国古代的宗教习俗和民族信仰。"葛兰言通过解读《诗经》及文人学者以他所谓的"象征主义"方式书写的各种《诗经》注释，寻找被道德与政治需要蒙蔽的上古节庆与仪式习俗，进而认识中国远古社会的仪式及信仰的演变过程。

葛兰言这部论著采用的论证方法及得出的结论都具有很大启发性。葛兰言采用人类学的方法，从《诗经》构筑的"世界"中考察先秦时代的节庆习俗，进而考察其社会结构。具体来看，葛兰言从《国风》诗篇的内容、结构、修辞出发，考察这些歌谣出现的习俗背景、演唱情态、演唱目的，进而分析出其中蕴涵的最初的社会与自然规则的统一性。我们国内传统的研究方法是以现实的世界观照文本中的世界，通过考察现实世界的事象，理解文本中的世界；而葛兰言在某种程度上则实现了以文本中的世界观照现实世界——在理解分析文本的基础上，反观现实世界仍在传承的文化力尚存的古老传统，然后进一步理解古老的文化。

葛兰言的《中国古代的祭礼与歌谣》全书分五部分，绪论、第一编诗经的情歌、第二编古代的祭礼、结论和附录，其论点主要集中在两个问题，即诗经的情歌和古代的祭礼。他使用了社会学的研究方法，并结合传统的实证史学方法，也从中国史籍里面找寻一些材料。在第一编的第二、三、四章，葛兰言——列举《诗经》中的歌谣和相关解说，并作出了自己的主题判断。葛兰言在他的著作中将《诗经·国风》的歌谣细分为"田园的主题"、"村落的恋爱"和"山川的歌谣"。

在该书的第一编《〈诗经〉的情歌》中,葛兰言试图着重说明他所依据主要文献《诗经》的性质。他选择《国风》及《小雅》个别篇章中的六十八首爱情诗一一进行译述和阐释,并引入了古代希腊、日本、印度支那、越南等地和中国西南地区少数民俗资料进行比照,力图证明这是古代农民在祭礼活动时的歌唱。葛兰言以社会学家的眼光观察到,注释书中比附的道德说教会把人们导向对本文的曲解,如果离开注释去阅读这些歌谣,我们就会真正发现《诗经》中诗歌的民谣本质与原始意义。在接下来的文章中,葛兰言通过与中国西南、古代日本、越南和西藏等地方存在的习俗的比较,得出以下观点:(一)歌谣的起源是青年男女相对峙交互合唱;(二)合唱被青年男女的拼命挑战和爱情表白的即兴诗所分割;(三)在众多的季节祭和其他种种的竞争中,情歌的竞争往往在其中结合进行;(四)集体的对歌是在异村的青年男女之间进行;(五)歌谣的背后往往隐藏着古代的习俗,显示了古代男女青年之间在定期的集会和分居期间心底的感情,而这种感情又与社会的习惯和社会组织有着千丝万缕的关系。"因此,《诗经》的歌谣,不仅给文学史研究提供了极好的机会,而且也给我们提供了真正确认农业祭礼的意义即季节性意识的机能的方法,提供了了解歌谣反映的社会状况的方法。"①

----

① (法)葛兰言:《古代中国的节庆与歌谣》,赵丙祥、张宏明译,广西师范大学出版社 2005 年版,第 136—142 页。

第二编《古代的节庆》则试图在被确认的文献性质基础上对事实进行解释,佐以人类学、社会学、民俗学描绘古代祭礼歌谣的形态。在他看来,在《诗经》中能够很容易地看到中国古代宗教的情形,其中包括有地方性的祭礼、有季节性的共同体祭祀、有对神圣盛大节庆的祭祀,这些祭祀有着认同或区别地方性部落与性别团体的社会功能,它调整了社会生活的过程。

《结论》部分指出"《国风》的大部分内容都是情歌,它们是从古代的民间歌谣总集中选编出来的"。这些歌谣是在"古代农民共同体举行的季节节庆过程中,青年竞赛中相互挑战、轮流演唱"形成的,是古代社会的一种重要的活动的产物。在分析了歌谣的语言、比喻、象征后,葛兰言得出结论:中国古代节庆是"盛大的集会,他们标志着社会生活的节律步调"。

葛兰言出于想要了解和研究古代中国的习俗与信仰的目的,而选取了《诗经》作为其研究的对象和途径。可以看出,葛氏的《诗经》研究也是借《诗经》文献来达到他对中国古代社会的认识,他所要认识的是一个整体的中国文化,想要理解的是另一个民族的习惯和心灵,而支撑他这一理解的却是他的整个的西方文化背景。

首先,从异文化的观点来阐释《诗经》,是《诗经》研究史上的新现象,是葛兰言在前人基础上,用今天的学术范式——文化人类学进行的开拓性研究。他使《诗经》研究走出了以往惯常的儒家教化的解释观念而演变成为中华民族古代生活经验的遗存。他的研究系统地探索了《诗经》的起源、本题内容、艺术规律和深层底蕴,包含了民俗学、宗教学、神话学、民间文艺在内的广泛的分支,已经超出了惯常的、狭义的文学研究范畴,为《诗经》的研究提供了广阔的视野和角度。

　　其次,对研究涉及《诗经》的历史学者、民族学者或民俗学者来说,尤其对研究民族民间歌谣者而言,《诗经》中的不少诗篇成为他们引证的对象,被用以论证《诗经》曾经是民间口头传承歌谣,记录了中国许多上古的风俗习惯,尤其是《国风》部分中展示出的男女求爱习俗,更是这些研究者借以考察仍存在"倚歌择配"习俗的少数民族文化的重要参考。正如早期西方人类学者希望通过考察美洲或非洲部落,就可以追溯到人类早期的历史文化一样,我国一些研究者也认为通过研究现代偏远地区少数民族的文化习俗,可以了解《诗经》记载的古代民族的文化习俗,又或反之,《诗经》中反映的文化习俗即可证明某些现代少数民族悠久的历史与文化传统,因此其中的某篇或某段歌谣往往在他们论证某种习俗形成的历史悠久、某种观念古老时被引用。而葛兰言认为:"要在不同时期的相似事物之间确立一种系谱性的延续是徒劳无益的……习俗在任何时刻也会通过持续的更新而延续着。无论以前的习俗是多么的相似,都不足以解释当前的习俗:充分解释必须能够在两者之间建立某种联系,来说明当前的习俗是一系列特定情境下的必然结果。"①对以上这些研究中出现的误区,正如葛兰言在他这部论著的导论里尖锐指出的那样:对

————————

　　①　(法)葛兰言:《古代中国的节庆与歌谣》,赵丙祥、张宏明译,广西师范大学出版社 2005 年版,第 4 页。

事物的追本溯源通常具有极大的误导性,尤其在中国的情形下,因为中国本土学者致力于发现的并非事物的真正起源,而仅仅是用来表示这些事物的字词首次使用的年代。不仅如此,他们的目的就是要证实从习俗中产生的观念,这种证实与其说是通过实行这些习俗的人,不如说是通过记录这些习俗的人;还有,他们找到的证据越古老,他们获得的快感就越强烈。可以说,承认了这些概念的正确性后,就没有人会想到以批评的眼光去检验和判断这些概念,也没有任何人注意到这样的事实,即这些概念显然都是到了相对较晚的时代才构想出来的;即使想把这些概念变成原级术语(language positif),他们也没有意识到要对所有的观念体系、所有的诠释方法作一番考察。

葛兰言认为,在《诗经》原文难于理解的前提下,没有注释家的帮助是不行的,由此就需要了解评注者,才能理解其中诗歌的本义,而“评注者们形成了一个团体”,其成员的组成对诠释的传统原则有着决定性的意义。这种诠释着重于象征的秩序,同时作者的方法论也透露出弊端:首先,其研究表现出对传统研究经验及文献的轻视,企图仅靠方法的改进来发现历史事实并形成对社会的系统解释。其次,作者在运用多文化的比较方法来证明这些歌谣源于集会的即兴歌唱时,将不同的时代、不同的国家和地区(包括中国的云南、贵州,以及日本的东京等地)的民俗和歌谣进行比较研究,未区别它们时代性、地域性的质的差异就放在一起来作为他的论据,忽略了其中可能存在的习俗产生的时代先后、习俗传承等种种因素。最后,中国文化自成体系的世界观、时空观,在现存最古老的诗歌典籍《诗经》中已然展示出来,葛兰言不单以文献资料证实了其中蕴藏着中国文化的源头,还以当时西方传教士及其他学者对中国边陲少数民族的歌谣习俗的记录为佐证,论证他对《国风》诗篇的推断。反过来看,今天我们在研究民族民间歌谣文化的过程中,也可以用葛兰言的著作开拓研究视野:对歌,最早作为与宗教仪式直接相关的活动,与一个民族的生存方式、认知方式、生活形态等都是直接相关的,尽管现代的歌谣习俗已经不再是古代的模样,其内容、形式仍然存在传承演化的特质,需要我们以葛兰言结合历史的民族志考察方式,跳出"主位"的局限,以"客位"的角度摆脱"今人的眼光",更深入地理解歌谣文化对社会、对民众的真实意义。①

当然,这本著作中的部分地方也受到了一些质疑。比如,他将不同年代、不同国家(包括中国的云南、贵州、以及日本的东京等地)的材料不加分析地堆在一起作为论据的做法,更使许多学者不能赞同。日本学者松本雅明便对他提出过三点批评:即将各种不同性质的节日混淆在一起;用汉代形成的天人感应思想去理解它的内容;在复原"性"的节日方面有跳跃。然而,葛兰言在前人基础上,用今天的学术范式——文化人类学对歌谣文化进行的开拓性研究,是非常难能可贵的,并且这本著作的学术影响也将是深远的。

---

① 参见覃慧宁:《葛兰言〈古代中国的节庆与歌谣〉的学术意义》,《西北民族研究》2006 年 4 月。

第四章　歌谣的文化视图

第一节　口头传统的文化人类学的研究

非物质文化遗产是活态的文化,口传心授是非物质文化遗产的传承方式,传承人是非物质文化遗产传承的主体。把握传承人的传承特点,对于认识、理解非物质文化遗产传承人在传承人类文化知识中的地位与作用,具有重要的意义。不同的口传文化文本正为研究民族文化提供丰富的素材,也为不同区域和历史时期民族文化诸如创世神话、传说、歌谣、谚语等同一性和多边性的比较研究提供可能。

所谓"口头传统"包含两层意思,广义的口头传统指口头交流的一切形式,狭义的口头传统则特指传统社会的沟通模式和口头艺术(verbal arts)。民俗学和人类学意义上的口头传统研究通常是指后者。口头传统是一个民族世代传承的史诗、歌谣、神话、传说、民间故事等口头文化以及相关的表达文化和其他口头艺术。

　　"口头传统"概念的发明,并非概念变换的文字游戏,这一概念代表了一种新的学术理念、方法和学术范式,从传统人文学科单纯依赖书面文献认识、理解人类文化,拓展到了口头文化的研究领域。口头传统的概念弥补了民俗学研究依赖书面文献、忽视田野调查的方法缺陷,从动态的整体视野考察口头文学的发生、传承和流布,在口头传统表演的语境中考察口头传统的传承。这些方法、理念和研究范式的引入,有益于口头传统传承特点的研究,突破了传统的文化史、文艺学的研究视野,已经形成了人类学意义上新的理解和认识。

　　作为人类与生俱来的表述能力、表达方式和选择性、策略性的传统遗续,口头传统无疑是人类最大的文化遗产。虽然在当代文化遗产的定义、分类以及保护实践中,国际组织已将口述的表述方式、记录方式、行为方式、记忆方式等诉诸法律和法规,使之进入合法的保护范畴,比如联合国教科文组织《保护非物质文化遗产公约》所包括的 5 项中就有口头传统。但是,客观地说,我国学术界并没有对人类的这种表达方式本身的重要性给予相应的关注。事实上,人类从以动物为伍到"自我性"(selfness)的进化过程,形成与其他物种区分的最重要的标志就是符号和语言。换言之,符号表述和语言表达被人类作为区别与其他生物种类,强调人类的自我特性的根据。①

————————

　　① 参见彭兆荣:《形与理:作为非物质文化遗产的口述传统》,《云南师范大学学报》2010 年第 5 期。

美国著名传播学者沃尔特·翁指出,在口语文化里,记忆术和套语,使人们能够以有组织的方式构建知识①。记忆术和套语,正是口语文化语境中人们的思维机制和表达方式。在口语文化的语境中,人们必须运用有助于记忆的模式来思考问题,所以在口语文化中大量使用重复、对仗、套语、重复的主题、箴言等等。记忆术和套语在口语文化中互为表里,决定了口语文化与书面文化的差异。在此基础上,进一步论述了口语文化的思维和表达特征,可以这样说,记忆是口头传统的心理机制,而套语则是口语文化中最基本的表达方式,口语文化所呈现出来的语言与形式特征,都与记忆和套语有关。

联合国文件中称这些遗产为 oral,non-material,intangible,分别对应中文"口头/口述的","非物质的"和"无形的"。从联合国文献里给出的界定看,它们的内涵有相通之处,但又各有侧重面。非物质文化不一定是彻头彻尾的口头传统,但形态特异如非洲"鼓语",在传承和使用中,大抵也没有完全脱离口头表述。总之,"口头传统(oral tradition)"一直是整个非物质文化中最重要的环节。

世界真正意识到口头传统的重要性和特异规则,还是晚近的事情,但是对口头传统有所认识和评述,在西方人文学术领域,也可谓传统绵长。且由于口头传统在很大程度上是以传统社会研究对象的民俗学和人类学为课题,所以既往的成

---

① 参见[美]沃尔特·翁:《口语文化与书面文化——词语的技术化》,何道宽译,北京大学出版社 2008 年版,第 25 页。

果较多地集中在这些领域。简单地说,口头传统在三个层面上彰显出它的内涵:第一,它是文化的反映和文化的创造;第二,它反映了文化内容和文化期待;第三,满足文化需求。作为一个内涵丰富、跨学科的方向,"口头传统"的兴起,可以追溯到十八、十九世纪的"大理论(grand theories)"时期。"浪漫主义的民族主义"、"文化进化理论"、"太阳神话学说"等理论,这些理论分别把口头传统看做是一个民族的"档案馆",是民族精神的集中体现;或者看做是"文化遗留物",它再现了人类的"原始知识";乃至看做是"远古的回声",直到"语言疾病"破坏了我们对它的理解云云。①

关于口头文学口传心授的传承方式,以及由此形成的传承特点之研究,哈佛大学学者阿尔伯特·贝茨·洛德(Albert Bates Lord,1912—1991)于1960年出版的《故事的歌手》是这方面的代表作。20世纪30年代和50年代,洛德与他的老师米尔曼·帕里(Milman Parry,1902—1935)长期在南斯拉夫地区从事活态史诗的调查,他们的成果注重在史诗艺人的表演语境中研究史诗,考察时间、地点、听众、表演的具体情境等因素对史诗艺人的创作(composition)的影响,在此基础上形成了口头程式理论,其研究成果的最直接目的在于弄清歌手们创作、学习、传递史诗的方式。帕里·洛德的研究成果,揭示了史诗等口头传统不依靠文字媒介,千百年来依然广泛流传的奥秘,史诗艺人的史诗传承根本不像文字时代人们想象的

_____

① 参见朝戈金:《口头·无形·非物质遗产漫议》,《读书》2003年5月。

那样逐字逐句死记硬背,而是有其自身的一套传承法则。他们认为,口头歌手创作诗歌与书面诗歌的区别在于,在口头诗歌中,表演与创作是同一时刻的两个方面,口头歌手是以表演的形式来进行创作的①。口头文学传承人表演的口头文学的类型、主题、语言、表演技巧等等,基本上从口头文学的传统传承下来,在表演的过程中,既坚持类型、主题、语言、表演技巧等等,同时也会根据即时的情境进行创作。洛德对南斯拉夫史诗歌手的研究发现,歌手学艺有三个阶段,这三个阶段实际上就是一个史诗歌手学习、掌握史诗传统,并且根据表演的即时情境进行创作的过程:第一,聆听阶段,熟悉故事的内容主题、节奏韵律等等;第二,学歌阶段,掌握足够的程式,歌手在反复的学习、使用过程中掌握程式,使之最终成为其诗歌思想的一部分,他必须有足够的程式才能在现场表演、创作史诗,这是一个不断学习、大量实践、模仿和融会贯通的过程;第三,提高演技和增加演唱篇目,这是歌手逐渐成熟的阶段,歌手逐渐进入咖啡馆、非正式的集会、节日等场合,听众的要求使他不断地积累、重新组合、反复修正故事的程式和主题,他的演唱艺术逐渐成熟,内容变得更加丰富多样。作为一个成熟的歌手,他在传统之中游刃有余。他们是在不断的再创作中保存传统,传承的中国口头文学传承人的研究成果同样表明,杰出的口头传统传承人之所以能够传承大量的故事、传说、歌谣

---

　　① 　参见[美]阿尔伯特·贝茨·洛德:《故事的歌手》,尹虎彬译,中华书局2004年版,第13页。

等等,是因为他们记忆力强,口头文学的储藏量丰富,乐于讲述,善于表演。①

　　研究和比较方法解决现实学术问题的理论范型口头程式理论的精髓,可以概括为三个结构性单元的概念:程式、主题或典型场景,以及故事范型或故事类型,它们构成了口头程式理论体系的基本框架。凭借着这几个概念和相关的文本分析模型,帕里和洛德很好地解释了那些杰出的口头诗人何以能够表演成千上万的诗行,何以具有流畅的现场创作能力的问题。由于这一理论创立的起因之一,主要是对古老的"荷马史诗"文本进行当代解读,这就不能不打上一道鲜明的烙印,并成为分析和阐释那些已经由文字固定下来的史诗文本(以《伊利昂纪》和《奥德修纪》为代表,还有被经常提起的《贝奥武甫》、《尼伯龙根之歌》、《熙德之歌》等)的利器,从史诗文本中发现程式和分析程式的频密度、分析句法的结构(如平行式、跨行、韵律特征等等)、解析主题和典型场景,都能驾轻就熟,具有明显的普适性和较强的阐释力。此外,语言学和人类学,是在帕里之前早就存在了的学科,但将它们结合起来,以对口头表演中的若干核心要素进行深入的把握,则是由帕里和洛德首倡的。这一套新的学术工作原则,既体现出了语言学的严谨和精细分解,又具有人类学的注重实证性作业、注重田野的特征。分析性工作与实证性工作,在这里获得了绝

---

① 参见黄天骥、刘晓春:《试论口头传统的传承特点》,《文化遗产》2009年第3期。

妙的统一。该理论的两位创始人具有不同的学术背景和素
养,两人专擅的方面有一定的差异,加之帕里在初创学理不久
即去世,这就为该理论带来某些特色,例如它的草创和后期发
展之间的跨度比较大,它的理论体系具有相对开放的性质,它
的普适性和广泛的影响,又反过来带给它活力和巨大的发展
空间。口头程式理论作为一种方法论,在基本架构上利用语
言学、语用学和人类学的相关研究成果,主要以史诗文本的语
言学解析为基础,论证口头诗歌尤其是史诗的口头叙事艺术、
传统作诗法和美学特征。因而,口头程式理论在某种意义上
可以说就是口头诗歌的创作理论。①

　　"口头传统"的研究,究其实质,不仅是特定信息传播方
式的研究,而且是知识哲学的思考。晚近在历史学界有了
"口述历史"的学派,在文艺学领域出现了"口头诗学"的新
支,都是对传统学术定制的突破。譬如,我们一向是用总结自
书面文学的美学规则来解析口头文学遗产,但是我们没有注
意到,按照阅读规则总结出来的美学原则,并不总是适合那些
为了"听"而创作出来的作品。这里绝不简单是个接受器官
的转移,它连带着产生了规则的转移。我们有时意识到书面
语和口语之间有某些差别,但却未深究其间的缘由。口头传
统的即时性、互动性和高度依赖语境的性质,就决定了它的审
美属性与某些"听觉"效果有内在联系。就说程式化表

———————

　　① 参见朝戈金、巴莫曲布嫫:《口头程式理论》,《民间文化论坛》2004 年
第 6 期。

达——套语,对于阅读而言往往不忍卒读,但对于聆听,就不仅不是问题,还往往造成某种特殊的审美效果。①

第二节　中国歌谣的主要体式扫描

我国民间歌谣内容丰富多彩、形式多种多样,各地民间歌谣风格鲜明突出,名目繁多,因时因地、因民族因形式而异。各族人民往往对自己熟悉的民歌有惯用的称谓,如汉族的号子、山歌、小调、山曲、野曲、酸曲、信天游、爬山调、秧歌、盘歌、对歌、猜调、赶五句、四季歌、五更调、哭嫁歌等等,少数民族对民歌的称谓更是不胜枚举,如藏族的"鲁"、"谐",壮族的"欢"、白族的"白族调"、苗族的"飞歌"、侗族的"大歌"、布依族的"笔管歌"、"浪哨歌"等等②。

一、号子

号子是民歌中,也是整个人类文化中产生最早、历史最悠久的艺术品种之一,它是劳动人民在生产劳动过程中创作、演唱并直接为生产劳动服务的歌谣,是生产劳动的有机组成部分。号子节奏鲜明,其音乐节奏和劳动节奏吻合无间,坚实有力,粗犷豪迈。劳动号子的演唱形式主要有独唱、对唱(或重

---

① 参见朝戈金:《口头·无形·非物质遗产漫议》,《读书》2003 年 5 月。
② 本书中所有歌谣资料参见《中国歌谣集成》。

唱)以及领、和相结合等等,其中以领唱、和唱结合的形式最为常见,劳动指挥者往往是号子领唱者,领部是号子唱词的主要陈述部分,曲调和唱词常即兴变化。和部大多唱衬词或重复词,音乐较固定。除了消除疲劳、协调劳动之外,解放前劳动人民往往在号子中诉说生活的痛苦,也常常反映劳动人民的生活态度和情趣,解放后劳动人民则常在号子中表现出对新生活的赞美。号子形式多样,按不同工种可大体分为①:

1.搬运号子。如四川自贡《五金杠运哨子》中的下坡哨子"点点儿脚":

(领)哎点点儿脚勒,

(和)哎点点儿脚勒,

(领)哎衣呼呀呵咳哟,

(和)哎衣呼呀呵咳哟,

(领)哎咳咳哟,

(和)咳哟站到!

2.工程号子。如山东潍县的《打夯号子》:

(领)同志们(哪)吊起了夯,

(和)吊起夯(那么呵咳),

(领)一夯一夯密密地砸(哟),

(和)密密地砸(哟么呵咳)!

(领)工地上做战场(哩),

(和)咳哟呵哩哈,

---

①　赵晓兰:《歌谣学概要》,电子科技大学出版社1993年版,第10页。

（领）镪镪做刀枪（哩）。

（和）哎哟呵哩哈。

（领）努力实现，

（和）咳哟呵哩。

（领）总路线（哪），

（和）咳哟呵哩，咳！咳！咳！咳咳！

3. 农事号子。如车水号子、连枷号子等，这类劳动强度不太大，劳动环境宽敞，因而号子也带有较多娱乐性，有时有山歌的特点，江苏宜兴有这样一首《车水号子》：

哎呀哈哎呀哎嘿嘿哎哎呀，

薛仁贵（呀）跨海去征（嗯的）东，

啊哎呀里嘿。

4. 船渔号子。如《川江船务号子》：

（领）喔倒啊哎格拉哟哎拉哦呀呀嘿，

（和）哟哦呵。

（领）拉吡呀吡呀哟呵呀呀嘿，

（和）哟哦呵！

5. 作坊号子。如木工号子、盐工号子、榨菜号子等。四川自贡盐井工人过去在打盐卤时唱的号子《挽子歌》唱道：

（领）太（哟哦）阳（哪哦），

落（呀呵）坡（哟呵），

（和）（喂）渐（哪呵）渐（哪喂）梭（哦）。

（领）留（哟哦）郎（哟哦），

不（呀呵）住（哟呵）。

（和）早（哎）烧（哎），

锅（哟哦哦）。

二、山歌

是南方各省对民歌的统称，流传在我国西南、中南、江南一带。山歌大多产生在山野劳动生活中，声调高亢、嘹亮，节奏较自由，便于直畅、自由地抒发感情。早在唐代，"山歌"的名称即已出现，"岂无山歌与村笛"（白居易《琵琶行》、"山歌闻竹枝"（李益《送人南归》）。明代冯梦龙曾收集了江南民歌二百零八首，编为十卷，题名《山歌》，多为七言四句，也有长歌杂体。现代南方山歌与明清山歌相似，多用七言四句体，通称"四句头"，但湖南、湖北、四川的山歌间或也有五句的，称为"赶五句"或"五句子"。山歌中情歌尤多，内容比号子广泛，且随着时代的变迁屡有变化，如流传于安徽安庆的一首"五句子"是这样唱的：

跳下田来就唱歌，

人人说我多快活，

好比黄连树上挂猪胆，

苦上加苦莫奈何。

莫奈何，

唱唱山歌做生活。

三、小调

小调大多产生在民间日常生活和风俗性活动中，人们通常把山歌称为"山野之曲",而把小调称为"里巷之曲"。小调的曲调大多抒情流畅,歌词多即兴之作,字数以五七言为主,且多有衬字。民间小调各地有不同的称谓,山东有"沂蒙山小调"、甘肃叫"刮地风"、安徽叫"凤阳花鼓"、江苏叫"泗州调"、华北、东北叫"小放牛"、"绣荷包"、"四季歌"、"放风筝"等。

小调形成的场合大致有两种:一是劳动之余的闲暇时间;二是民间娱乐、风俗节日等场合。大部分小调已不受劳动条件的限制,基本脱离实用功能,进入了独立的艺术表现领域,在表现内容的深度和广度、表现手法的曲折、精致、多样、音乐的完整规则上都远远超过号子和山歌。如同为诉苦歌,山歌往往是感叹式的倾诉,大别山区的《穷人小调》却一一从头诉说,描绘得细致入微,思想开掘往往更为深刻,形象丰满,矛盾揭示也更充分:

《穷人小调》

穷人真受苦,衣破无布补,

忍饥受饿说不出口,

农友啊! 瘦得皮包骨。

禀告二爹娘,去把扁担扛,

东奔西跑走得忙,

农友呵! 只为度日光。

出门做小贩,到处军阀战,

遇兵遇匪都完蛋,

农友阿! 白流一身汗。

四、爬山歌

爬山歌是流传在内蒙古西部的大青山、土默川、河套、伊克昭盟等广大农区和半农半牧地区的一种民间歌谣形式，用汉语演唱。在邻近内蒙古的陕西府谷、神木和山西河曲、偏关等地也有流传，当地称做"山曲"。爬山歌曲调多，内容丰富，形式自由，深受广大劳动人民喜爱，长期流传在劳动群众中。爬山歌中，大量运用当地口语的叠词，演唱中还常常加进一些表示语气的衬词，如呀、啊、来、个、嘞等，具有浓郁的乡土气息。

爬山歌每首两行，每句基本上是七个字，与陕北信天游同属一个类型，但是它们毕竟产生在不同地区，各自的特点十分鲜明。爬山歌的每句字数可根据需要或多或少，少的只有五六个字，多的可达十五六个字，经常运用双声叠韵和连绵词。如：

　　　　大青山上的老虎砚石山上的猴，
　　　　你要是妹妹的真朋友挎上妹妹走。

爬山歌的音乐形式由上、下句组成乐段，多乐段重复，字数无严格规定，可加垛句，多用叠音字，增强歌谣的音乐性。爬山歌分前山调和后山调两种。前山调流行于巴彦淖尔盟、伊克昭盟等地，受蒙古族长调的影响，旋律辽阔悠长。后山调流行于乌兰察布盟以及山西、陕西等地，音调高亢奔放。演唱形式分室内和室外两种，前山调多在放牧、赶车和田间劳动时唱；后山调多为妇女在家中演唱。

五、信天游

信天游又称顺天游,是流传于陕北、宁夏、甘肃等地的一种民间歌谣形式,产生于何时,现已无从考证,据推测,可能与民间道情的曲调和民间小曲有关。信天游一般两句为一节,每句字数不固定,其中常见的是七个字为基本句式。在韵律上一般是两句一韵,长歌可达数十段。有一百多种曲调。信天游曲调高亢,语言音乐性强,多用叠字和比兴。第一句常用比兴手法,展示意境和想象,第二句才有比较具体的叙事和抒情。第一句曲调往往比较开放,情绪激昂,第二句曲调则比较收敛,细致曲折,如《兰花花》:

> 青线线那个蓝线线蓝格茵茵的彩,
> 生下一个蓝花花实实的爱死人。

六、花儿

花儿流传在西北高原甘肃、青海、宁夏一带的一种民歌形式。根据流传地区、语言风格、音乐曲调和演唱形式的不同,花儿可分为河湟花儿和洮岷花儿两大系统。在当地汉族、回族、土族、撒拉族、东乡族、保安族、裕固族和藏族等民族中流传,基本上用汉语演唱。花儿所反映的社会生活内容十分广泛,它包括农家日常生活、男女情爱、求神乞子、禳灾避祸等。花儿中的情歌,多以花卉作比兴。当地人人会唱,像满山遍野的山花处处开放。其中每年夏季的莲花山花儿会是他们演唱花儿最为隆重的时节。花儿一般以四句或六句为最多,也有五句和八句的。四句分对称的两段,每段两句,前段为比兴或起句,后段是点题或实体,段中上句一般是三、三、三字,下句一般是三、三、二句,句中的前两段字数要求不严格,不够可用虚词哈、嘛、呢填补,最后一顿的字数不能变化,上句结尾多是单音词,下句一定要用双音词结尾。六句也分两段,等于在四句的每段上下句之间加一短句。花儿演唱没有伴奏,演唱时歌手的习惯动作是右手放到耳后。在宁夏,花儿主要流传在六盘山的回族中,固原县的一个小山村就搜集到花儿千首以上,能编唱百首以上的歌手各县市都有,足以想见花儿流传的普遍和如何地深入人心。花儿的句式结构变化多,衬腔手法丰富,音乐连绵悠长,比兴手法突出,如:

上去高山望平川,

平川里有一朵牡丹。

看去容易摘去难,

摘不到手里是枉然。

七、欢

欢是广西壮族地区民歌的总称,这些民歌种类多,但大体可分为三大类:

1.短体欢:最常见的形式是四句一首,但也有二句、三句、五句一首的。短体欢最突出的特点是绝大多数都押腰脚韵,即头一句的末一句与第二句腰部的字押韵,有的第二句和第三句或第二句和第四句还要押脚韵,如:

衣袖摇摇去哪块?

衣袖摆摆去哪村?

妹去哪村妹就讲，

哥带干粮往后跟。

如:《妹是一棵槟榔树》

妹是一棵槟榔树，长在县官厅堂前，

槟榔我想吃半棵，恨手太短实难攀。

假如早上嘴能尝，到夜槟榔味还香，

妹是一棵槟榔树，长在县官厅堂前。

脚踩青草枯萎了，槟榔树下团团转，

槟榔我想吃半个，恨手太短实难攀。

2. 勒脚体欢。勒脚在壮语中的意思是"重叠"，勒脚体欢的产生和传播都在红水河流域，尽管它有"马蹄勒"，"跳脚欢"，"三爪欢"等各种名称，但歌词重叠的基本规律是一致的。其中以十二行为最流行。十二行勒脚歌每首三节，每节四行，共十二行，第七、八行是第一、二行的重复，第十一、十二行是第三、四行的重复。十八行勒脚歌每节六行。第十、十一、十二行是一、二、三行的重复，第十六、十七、十八行是四、五、六行的重复。

3. 排欢。排欢在壮族民歌中占有重要的地位。排歌长短不一，短的十几行一首，有的甚至达 4 行以上，它的长短以能完整表达这首歌的主题思想为止。

八、鲁体、谐体、自由体民歌

鲁体、谐体、自由体是藏族民间歌谣三种主要的结构形式。由于表达内容、流行地区、结构形式及格律的不同，鲁体

民歌包括流行在甘肃、青海、四川等地藏区的藏族原有的
"鲁",流行在甘肃、青海及四川阿坝藏区的"拉伊"、"卓"(即
锅庄),流行在西藏境内的"郭儿谐"中的一部分和流行在云
南境内的"擦拉"等。如一首民歌唱道:

　　穿衣裳要穿藏式袍,藏式袍宽大盖着好。

　　吃东西要吃蜂蜜糖,蜂蜜糖味甜可口香。

　　交朋友要交好心人,好心人相交情谊深。

　　这首民歌节奏为每句三顿,每顿不超过三个字。这样使
歌词可颂可唱,并且能随歌起舞。鲁体民歌以《米拉日巴道
歌集》为代表。

　　谐体民歌包括藏族原有的"谐"、"古儿姆"(流行于四川
德格)、"日玛"(流行于云南中甸),基本结构为四句六言体。
每句六言,两个音节一停顿,分三顿。"谐体"格律是从"鲁
体"格律中派生出来的。谐体格律最早见于十七世纪末的仓
央嘉措的《诗歌集》,后来流传到民间。"谐体"民歌短小灵
活、形式多样,不仅能随意而歌,也可填入多种曲调去唱。如:

　　不怪柳树无情,不怨小鸟无义,

　　只因官府仗势,砍伐柳树倒地。

　　藏族民歌还有自由体民歌,这类民歌主要流行于西藏地
区,形式灵活自由,长短随意,没有固定的句数,各句的音节数
也不一定相等,只要同为奇数或同为偶数即可,如:

　　清晨,东方的田地美丽,

　　黄昏,西方的田地好看,

　　太阳正当中午的时候,

黄色的菜子花儿最鲜艳。

不要称做"菜子""、菜子",

请叫做"美丽"、"鲜艳"吧！

在明朗的夏天里，

是我装饰了田野。

在寒冷的冬天里，

是我点亮了女主人的灯盏。

在平常的日子里，

是我润泽了姑娘的容颜。[①]

九、白族调

白族调是在白族中流传最广的一种民歌，它分别以二句段、三句段、四句段、五句段、六句段、七句段、八句段以至九句段构成一首短歌，流行广泛，几乎人人会唱。白族调有固定的曲调，演唱时根据具体内容填词，但各地曲调往往不同，因而白族调的种类很多，有大理白族调、剑川白族调、鹤庆甸北调、槽涧山区白族调等。白族调中最基本的形式是四句段式，剑川白族调中被称为"曲母"的《泥鳅调》，全篇均由四句段式构成，格式都是"七将我捉进鱼篓里，刮鳞又剥皮"。

她汉子说"拿来煎"！他婆娘说"拿来腌"！

将我摆在最上席，你我相邀功！

捉我那个他眼瞎，吃我那个受惩罚；

---

① 赵晓兰：《歌谣学概要》，电子科技大学出版社 1993 年版，第 25 页。

纵然无法来反抗,用刺卡几下。

　　大理、剑川、洱源各地白族调最常见的段式结构是八句段式,格式是"三七七五、七七七五"。即调头是三字句,第二、三句是两个七字句,第四句是一个五字句,四句一起构成一个乐段,后四句构成另一乐段,由三个七字句和一个五字句组成,如剑川、洱源一带有这样一首白族调:

　　　　花上花,

　　　　弹起三弦去看花,

　　　　三弦弹进花园里,

　　　　好花喷鼻香。

　　　　好花就数红芍药,

　　　　香花就数红牡丹,

　　　　小妹与哥成双对,

　　　　芍药配牡丹。

　　白族调中,有的有韵头,有的无韵头。无韵头的一般用七字句开头,有韵头的必定以三音节、两拍子的调引开头,调引有的称谓如"阿哥哥""阿妹妹"等,有的托物起兴,起限韵作用如"翠森森""翠茵茵"等。白族调中只要用了韵头,就必须一韵到底,中途不能换韵。白族调要求排脚韵,四句、六句、八句一首的,第一、二、四、六、八句的尾字押韵,三句、五句、七句一首的,第一、三、五、七句的尾字押韵,如洱源西山的一首民歌:

　　　　我家住在西山区,

　　　　山多人少又分散,

文化又最低。

家家吃的是粗粮，

个个穿的麻布衣，

十、其他民歌

大歌，侗语称"嘎老"。"嘎"为"歌"的意思，"老"是"大"之义。侗族大歌主要流传在贵州的黎平、榕江、从江、剑河和广西的三江等地。大歌以多声部合唱闻名于世。大歌以多声部自然和声为其主要音乐特点，有叙事为主的大歌，也有以抒情为主的大歌，还有以劝教为主的伦理大歌。

侗族大歌从种类上分男声、女声和童声三种。男声大歌格调平和，雄浑苍劲；女声大歌舒展优美，含蓄抒情；童声大歌活泼、单纯、嘹亮。

双歌是水族的民歌形式，由说白和吟唱两部分组成。说白相当于歌的小引，常常通过一个寓言或者小故事引出歌中的人物。双歌一般由两人对唱，双方又各有两个帮腔的人。演唱者必须能说能唱，而且还要根据故事内容扮演各种各样的角色，无论双方唱多少歌，都必须是双数，故称"双歌"，它的题材广泛，内容丰富。

游方歌是苗族情歌的专称，流行于贵州省东南苗族地区，是苗族青年游方时候唱的歌。"游方"是指苗族男女青年之间的一种社交活动，贵州东南苗族称"游方"、"摇马郎"，广西融水一带称"坐妹"，湖南西部苗族称"会姑娘"等。游方一般在5月底至6月初插完秧后举行，只限本寨女子和外寨男子参加。

游方歌可分为三种：一是飞歌，苗语叫"恰央"；二是长歌，苗语叫"恰蒂"；三为慢歌，苗语叫"恰黑"。其中"飞歌"是青年男女互邀出寨游方时唱的山歌体歌曲。音调高亢嘹亮，节奏自由，只演唱于山岗林野和田间地头，有独唱、齐唱、对唱和重唱等多种形式。"飞歌"一部分是即景生情的即兴创作，一部分是祖先流传下来的。

山哈歌是畲族人用本族流行的"山哈歌"和"山哈歌调"以特有的假声唱法演唱的。由于畲族没有自己的文字，所以在畲族的整个社会生活中，他们以歌来传授生产知识，以歌来讲述历史故事，以歌来传播民俗风情，以歌来传情达意，以歌来发泄喜怒哀乐等。

总之，我国民间歌谣形式的多样性和文化的多层次性构成了它的重要特征。喜爱歌唱的习俗在许多民族和地区民众的现实生活中十分常见，有"歌海"之称的广西，每年的歌圩，动辄数万人。这种在春秋战国时代以庆贺丰收、祈祷神灵的集体歌唱活动，在千百年民众传唱之中，形成了颇富特点的个性。侗族有句俗语说得好："饭养身，歌养心"。侗族每个人从小就受到歌的教育，侗族的琵琶歌边弹边唱，歌手吴仲儒弹唱自己创作的《哭总理》时，声泪俱下，哀恸四方。哈萨克族谚语"歌和骏马是哈萨克人的两只翅膀。"在哈萨克族的毡房里常常可以听到彻夜不息的冬不拉弹唱或对歌。如果您遇到蒙古族的聚会，他们举杯畅饮时，往往伴有祝酒歌，那众口合唱、热情奔放的酒歌，激荡和振奋着人心，反映了蒙古族人民粗犷的性格和可以征服一切的气魄。傣族竹楼上合芭蕉林中男女的对唱，也经常令人彻夜不眠。汉族作为一个历史悠久的民族，也依然存在唱民歌以至男女对歌的习俗。历史上早已闻名的江浙吴语地区的吴歌，今天记录的短歌长诗都很多。①

我国各族民众喜欢演唱和擅长表演民间歌谣的历史十分悠久，他们不仅在轻松的场合唱；而且在严肃的场合唱；不仅在喜庆的场合唱，而且在悲哀的场合唱；不仅在野外唱，而且在家里唱；不仅在节日时唱，而且在平时劳动或休息之余唱。虽然我国百姓生活并不富足，但是他们那种热爱生活的天性洋溢在民间歌谣的字字句句之中，跳动在民间歌谣的每一个音符里。各地的歌唱活动，不仅时间地点不同，内容和形式也自成风格，各有特色。如广西巴玛瑶族自治县城关乡盘阳河两岸的壮族每年三月三的歌圩前夕，人们便到野外去搭歌棚、围棚。歌圩当天，男女青年梳妆打扮，带上五色糯米饭和彩蛋去赶歌圩。到了歌场，人们先在搭起歌棚的山野上游逛一番，物色对象，然后进入歌棚对歌。四周村寨的男女老少也前来助兴看热闹，气氛十分热烈。对歌的人往往夜以继日，通宵达旦，连唱三天。如资源县五排乡一带的"月半节"，每年农历七月十三日至十五日在村外山坡上举行。在那些日子里，人们白天举行斗牛、摔跤等比赛，入夜，便三五成群或数十人组成一个临时"歌台"，各"歌台"选出歌喉最好的歌手与别台的歌手对歌，一直唱到天亮。我国少数民族不仅有对歌的习俗，

----

① 　参见贾芝:《中国歌谣集成·总序》，人民文学出版社1994年版。

而且许多民族都有歌节或以歌唱活动为中心内容的节日,如瑶族的"歌堂"、"盘王节"、"祝著节"、苗族的"坡会"、侗族的"赶歌场"、布依族的"歌白节"、白族的"三月街"、傣族的"泼水节"、仫佬族的"走坡"、京族的"哈节"、彝族的"跳弓节"、哈萨克族的"阿肯弹唱会"、维吾尔族的"麦西来普"等等。甘肃康乐县莲花山一年一度的六月六"花儿会"规模盛大壮观,参加的人数有几万人之多,三五成群,男女浪山对歌,连续三天三夜。

各地的歌节,往往是各民族进行歌唱活动以及进行歌谣传承活动的最好场所。歌节的流传、发展以至形成,不仅传承了原有的歌谣,而且也使歌谣本身的内容不断得到丰富和发展。

第三节　文化人类学视角下歌谣研究个案

一、歌谣与地方社会文化生态的研究

要深刻理解并把握文化空间的内涵,还是要依据联合国教科文组织的文件来看,从定义上看,文化空间区别于一般的非物质遗产所说的传统文化形式及双重遗产等,联合国教科文组织宣布人类口头及非物质遗产优秀作品中明确规定申报的文化空间或文化表达形式必须符合以下标准:(1)表明其深深扎根于文化传统或有关社区文化历史之中。(2)能够作为一种手段对民间的文化特性和有关的文化社区起积极作用,在智力借鉴和交流方面有重要价值。并促使各民族和各

社会集团更加接近对有关的群体起到文化和社会的现实作用。(3)能够很好地开发技能提高技术质量。(4)对现代的传统具有唯一见证的价值。(5)由于缺乏抢救和保护手段或加速的演变过程或城市化趋势或适应新环境文化的影响而面临消失的危险。

　　从以上的表述来看,文化空间就是指人的特定活动方式的空间和共同的文化氛围,即定期举行传统文化活动或集中展现传统文化表现形式的场所,兼具"空间性"、"时间性"、"文化性",而且这种三者合一的文化形式是濒临消失的文化空间,它不同于一般的空间观念是因为它不是指自然地理或物理学意义上的空间,而是一个具有文化含义的独特概念,是指人的活动范围或一种生活样式,所在的社会空间但它又绝不是单纯的文化与空间的结合体,不是某种文化存在和传播的载体"分布空间"群体或延续时间,也不是某种文化形式或文化传统,从诸多细则来看,这一概念蕴涵着非常丰富的历史和人文意义,它既可以是一种艺术形式,一种传统节日,也可以是一种宗教信仰形式,它包括某种特殊文化形式存在或传承的时间与空间,与该文化相关的群体连续性的文化习俗和传统民俗礼仪活动等等。① 下面我们从民间歌谣的生态与自然环境方面观察文化生态和歌谣的关系。

　　浠水位于鄂东南,低山丘陵区,长江中游北岸,面积

---

　　① 参见陈虹:《试谈文化空间的概念与内涵》,《文物世界》2006 年第 1 期。

约 1999.1 平方公里。土地肥沃,气候温和,物产丰富,向有"鄂东南粮仓"之称。其地势自东北向西南倾斜,浠河斜贯中部;沿江有巴河、兰溪等吞吐港口,县城为鄂东地区公路交通主要枢纽,以京广铁路为骨干的交通网点,纵横交错。四通八达,全县人口一百多万,现辖 14 个镇。南北朝刘宋元嘉二十五年(448)建县,迄今 1500 余年。它的民族构成中绝大多数是汉族,少数民族人数稀少。浠水话属北方方言鄂东楚语。浠水县的文化遗址、出土的多件文物、革命纪念地和文化造址都能使我们清楚地看到,劳动人民不仅创造了丰富的物质文明,而且创造了具有中华民族特点的精神文明。这份宝贵的文化遗产中最丰富多彩的一部分是民歌。浠水民歌中有大量反映人民生产劳动的民歌,如《插秧鼓》:

(哟儿哟)伙计们大家快快齐下畈(嘞),个个都把力气添(哎嘿哟)。

(哟儿哟)四月(哟)插秧割麦两头忙(嘞),插秧割麦两头忙(哎嘿呦)。

还有《进茶山》、《打廉掌》等。人们常利用民歌来传授各种生活、生产以及历史故事、民间传说等知识。如:《娘劝女儿》、《娘送女儿过腰河》、《八仙出洞门》、《十月点点》、《报花名》、《牧童放牛》等都属于这类民歌。[1]

---

① 　巫东攀:《人类学视角下的鄂浠水民歌调查》,《非物质文化遗产研究》2009 年第 3 期。

二、歌谣与地方文化的深层结构研究

列维·施特劳斯认为,文化在局部上是连续和历时的(dia-chronic),但文化在总体上是共时的(synchronic)整体。结构主义认为,结构是一种关系的组合,整体决定部分,系统统辖成分,部分与部分、成分与成分之间对应存在,互相依赖。结构主义寻找不同"社会文本"中的深层结构,在不同的表现内容中,分析和发现共同的逻辑结构。社会和文化的现象是多样的,但隐藏其下的深层结构却是同一的,结构主义为社会文化分析提供了重要的理论模式,尤其像"隐喻"、"组合"之类的概念,为研究者开辟了新的分析视角,可谓别开生面。人类心灵的无意识结构通过各种文化形式表现出来,比如歌谣、神话、亲属制度等等。

通过一些歌谣我们可以理解民族文化的深层结构及其本质特征,而且很多歌谣对我们探讨当代社会中人与自然、人与人、人与自己内心世界的关系等问题具有重要的启示意义。下面,我们来看一下云南少数民族歌谣中关于生死观的个案。

面对人类永恒的焦虑——死亡,永生就成为人类亘古的渴望,云南各少数民族也概莫能外,而各民族文化中的宗教正是各人群借以超越死亡的途径,不同的是,当一些民族已经把生死这一人类终极关怀的问题交由科学、哲学、人为宗教等学科体系来处理时,云南很多少数民族由于历史、文化各种原因,至今尚处于宗教思想未成严密体系,对生与死的思考仍留有原始思维遗迹的阶段,加之有12个民族历史上长期无自己的文字,其宗教信仰及由此所导出的死亡观缺乏相应文献的明确记载,而是大量表现在日常民俗生活、口头艺术及祭祀活动中。保留着原始思维遗迹的云南各少数名族,其死亡观的载体正是极富宗教色彩的民俗生活和口头艺术。无论是叙述生命与死亡起源的众多神话传说,还是丧葬仪式上所唱的《送鬼哀歌》《指路经》《喊魂曲》《送丧歌》等歌谣,或是面对情感激烈冲突时所唱的殉情调、芦笙哀歌、巴什情歌以及所跳的各种驱鬼歌舞,都是我们探究这些民族死亡观的重要载体。因为一个民族的死亡观除逐渐积淀于民族文化深层结构如哲学体系、宗教信仰中以外,它还必然会外化于该民族民俗生活及民间艺术等各个文化表层。云南不少民族仍信仰原始的自然崇拜、图腾崇拜、祖先崇拜,有的民族尚未将鬼神、精灵等概念区分开来,宗教观还远未形成体系,原始艺术自然就承担起了表达民族死亡观的重任。当然,有形文化如服饰、民居建筑、民间绘画、雕塑等艺术形式中也同样体现着这些民族的死亡观,但相对来说,民间歌谣作为一种蕴含着生死观的文化事象在各民族文化中较为普遍,它与死亡观的关系更为突出。①

各民族民间歌谣作为一种相对固定的文本,大多又都是在民族文化内部流传,其本身所承载的所指意义相对稳定,并且是文化持有者思想观念的表达,从以上资料可以看出,云南少数民族歌谣隐喻着他们对永生的向往。

---

① 陈艳萍:《以民族民间歌谣为载体研究云南民族生死观的意义》,《学术论坛》2009 年 12 月。

三、歌谣与地方社会禁忌的研究

禁忌是人类普遍具有的文化现象,国际学术界将之称为
"塔布"(Taboo)。精神分析学派创始人西格蒙德·弗洛伊德
认为它代表两个方面的意义:一是"崇高的"、"神圣的";二为
"神秘的"、"危险的"、"禁止的"、"不洁的"。一般而言,在反
传统的对抗中,孰胜孰败难定,但就禁忌而言,禁忌的维护者
则注定败北,因为他们寻觅不到任何必然发生的事实的依据。
他们是在为恪守而恪守,理由则是拥有传承惯性力量的传统。
每一项禁忌风俗都自行构筑了一个开放式的禁忌"场域"。
我们来观察一下西藏歌谣在仪式中的一些禁忌。

出自仪式的唱咏规定以宗教活动为主的仪式行为当
中,所有的唱咏均被视做可以导致某种结果的特殊行为,
唱什么,什么时候唱,为什么唱,怎样唱,都有许多讲究,
不能张冠李戴,朝歌暮唱。例如藏族妇女劳动时的"打
墙歌"拿跳神仪式当中显然是不合适的,而羌姆仪式中
诸金刚和黑帽咒师的歌唱,移植于庆祝丰收的歌舞之中
也会被视为渎神的行为。有一首藏族民歌唱道:

我不唱山歌谁唱山歌,

向寂静的寺庙唱支歌,

这是支部冒犯黄帽的歌。

我不唱山歌谁唱山歌,

向百户的部落唱歌,

这是支不冒犯牧人的歌。

歌者的态度很鲜明,唱山歌要看对象,看情景,不然

就要冒犯他的听众。

　　由于仪式中的言说是唱咏的，乐调也有其规定，因此用什么调，何人来唱或听，用何种乐器伴奏都有许多仪式规定，不然即不合仪式（即犯忌），从而破坏歌谣的巫术效力。一般说来，人类口腔的发声有说有唱，说和唱的目的截然不同。非仪式语境用说，仪式语境用唱，因为动听的方被当做是有巫术效力的，因而字调和乐调在歌谣中要相协调。字调译成另一种语言而仍用故乐调，常有一种不伦不类的感觉。仪式追求的是字、乐调与内容的一致性。在一次巫术活动中，珞巴族巫师亚热用特定的歌调演唱了各种神话，中间穿插了多种舞蹈和卜卦。

　　从这次类似于独角戏的跳鬼仪式来看，歌调用了多种，每种乐调各有调名，按使用频率计，"翁木纳"调最多（4次），其次是"艾依亚"（3次），复次是"纽布侬"（2次），其余（如"兵得呐""阿尤白""阿鄂纳木""帝巴儿""包包米""白龙白"）各一次。这些歌调和内容有一种固定的配对关系，假设给歌调和内容换了原有的配置关系（比如白龙鬼灵不用"白龙白"调而用"翁木纳"调），那么可能就是亵渎神灵的行为。因仪式活动中的唱咏词被视为具有与神灵和鬼怪对话的效力和作用，所以，出于禁忌（塔布）目的的反常言说便成为仪式活动特有的语言行为。对于唱咏词当中许多含糊其词、无法释义的成分，不少论者牵强地认为这是为了加强节奏的需要，尽管仪式中那些看来无具体意义的词句的重复使用，对突出咏叹、加强节奏确有一定帮助,但是出于语言膜拜的心理,人们常常在言辞之中倾注了人们的敬畏之心,仪式当中的言语因而被神化为具有巫术影响力之声。①

任何宗教都讲禁忌,都有许多不肯直接说出的成分。意指这种成分时,歌唱者要么使用隐喻的办法,要么任意创造本民族语言无法理解的一连串的声音,以增强言说的神圣与神秘感。仪式言说过于明晰、易懂,反而不会达到吸引信众的目的。特别是在早期仪式中的唱咏词(如咒语)里,唱咏者尤其刻意在制造不易为他人习得的内容,他把歌唱弄的玄而又玄,不可理解,在可理解的话语的间歇之中刻意渗入"胡言乱语",编造他人不懂的话,即在仪式的主持者和入仪人众之间设立一道语言的屏障,它好似一种"天籁、鬼神之音"。

宗教仪式本来就是一种不同于日常生活的特定的活动。宗教仪式的目的在很大程度上是人为了自身的某些动机而有求于神灵。善言与常言,命名与禁律,直陈与避忌,发言与沉默,常常两两对应地体现在仪式的唱咏词中。因此,对仪式言说方式的取舍必然按入仪者所属民族的习惯进行。

四、歌谣与族群记忆的研究

在人类文明的进程中,所有的族群都是从口传记忆开始族群记忆,这从本质上说是一种集体记忆(colective memory)。

---

① 夏敏:《歌谣与禁忌——西藏歌谣的人类学解读之一》,《中国藏学》2000 年第 2 期。

集体记忆的理论源头可以追溯到法国的社会年鉴学派,其中法国社会学家莫里斯·哈布瓦赫(Maurice Halbwachs)关于集体记忆的研究是该领域研究的理论起点。在哈布瓦赫看来,集体记忆不是一个既定的概念,而是一个社会建构的概念。换言之,记忆并不是集体而是个体的功能。但是,作为记忆的基本单位的个体与所处的社会群体之间有着密切的联系,个体的记忆总是在特定的群体情境中发生,而且个体也总是利用这个特定的群体情境去记忆或再现过去的。社会中有多少群体和机构,就有多少集体记忆,这些不同的记忆都是其成员通常经历很长的时间才建构起来的。① 由此可见,族群的集体记忆就是该族群的全体成员在长时段内对于过去形成的集体的共同表象。

　　作为一个"无字"的民族,歌唱是怎样完成族群记忆的。黎族人民爱唱歌,山歌传唱在世上;口头代代传歌下,从古至今万年长。歌唱成为了黎家人生活的一部分,凡劳作、节庆、祭祀、恋爱、订婚、婚礼等都离不开歌声。所谓"歌为媒"、"歌为史",歌唱正是"无字"族群的一种非常重要的"记忆"方式,族群文化就在歌唱及其相伴随的种种仪式中展演出来的黎族人的恋爱择配,相当自由,父母一般不予干涉:"春则秋千会,邻峒男女妆饰来游,

---

① 参见[法]莫里斯·哈布瓦赫:《论集体记忆》,毕然、郭金华译,上海人民出版社2002年版,第39—40页。

携手并肩,互歌相答,名曰作剧,有乘时为婚合者,父母率从无禁。"① 男女未婚者,每于春夏之交齐集旷野间,男弹嘴琴,女弄鼻箫,交唱黎歌,有情投意合者男女各渐进凑一处,即订偶配,其不合者不敢强也。相订后各回学告父母、男家始请媒议婚。② 这是明清之际的学者描述的黎族春夏之交郊外大型集会上的"男女奔会"展演的情境,这可能就是黎族三月三风情的记录。黎族情歌的演唱时空是非常广泛的,大型集会、劳动、婚礼等场合以及偶然邂逅等都会是情歌演唱的时空场域,但对于青年男女来说,常态而持久的情歌演唱时空是夜晚的"隆闺"。

女大欲出嫁,男大要行夜;隆闺传歌声,千里存深情。③ 黎族青年大多通过"夜游"和玩"隆闺"的方式寻找心上人。世代相传的"夜游"、源于黎族祖传的严禁氏族内通婚的规定,同一氏族即崇拜同一个"祖先鬼"者,通常聚居在一个村峒,村峒内的男女间不得谈情说爱,如有违者,将遭"雷打"或"祖先鬼"的惩罚。这显然是一种婚恋禁忌的记忆,《查问歌》即反映了这种禁忌记忆:

问:坐下欠查下,莫作总是同一家,欲是同家话难讲,怎做坐下过今夜?

① 方岱修:《康熙昌化县志》(卷5),海南出版社2004年版,第60页。
② 参见张庆长:《黎杞纪闻》,吴江,沈氏世楷堂:清道光中昭代丛书合集已集广编,第33卷,影印本,上海古籍出版社1999年版,第10—11页。
③ 参见王国全:《黎族风情》,广东省民族研究所出版社1985年版,第66页。

答:坐下欠查下,怎做都不同一家,我是外方他人子,与妹相陪过今夜。

因各村峒之间居住分散,隔山隔水,加之白天劳动,又无文字可传情谊,就形成了"夜游"的谈情方式,而男子"夜游"的终点是女子"隆闺"。

远路走来脚都软,田隔田来村隔村,怎样移村近侬室,移室相近门对门。

"隆闺"的门是一道屏障,绝非有力气就可以打开的。只有歌声敲开了姑娘的心扉,心扉开了"隆闺"的门才会开。进"隆闺"之前,男子站在门外唱"请开门歌":

远路行来脚都软,行到花园见花开;欲想摘花因篱隔,有心给花请开门。

女子若有意,就回应:

妹种花来哥浇水,香花专等歌来开;歌欲有心把花摘,妹愿引歌进花园。

无意则会唱:

从来不约哥上门,请哥背妹去别村;妹人无灯点哥坐,妹人无床难过夜。

若男子踏进女子隆闺,也只是仪式的开端,接下来还有一系列世代相传的仪式性歌唱如见面歌、请坐歌和来意歌,若姑娘很多,还得唱试情歌。找到情人则要唱结情歌、赠礼歌等,爱情的硝烟就都在歌声和口弓鼻箫的旋律中升起。但"隆闺"只是提供了一个仪式场所,一个机缘,一个身份转化的契机。在这里,男子、女子或许会情

定终身,也可能花谢蒂落,歌断人分:

（男）砍刺堵路在这下,哥不再来第二夜,花谢无香另移栽,妹找情人哥不卡。

（女）风筝断线难接头,分离拆装难合口,妹移妹花别处插,哥搬哥篱别地围。

若两情相悦则可双宿"隆闺",父母亦不加干涉。相处的时间与结果各个有异,或一夜半月,或两三年,或结婚,或分手,皆视情感与缘分。没有什么偏见和禁锢,未婚先孕、带着孩子结婚成了黎族独特的现象。①

象征主义学派代表人物特纳(Victor Turner)将范·盖内普(Amold Van Gennep)将人生重要转折点的仪式三阶段分离、过渡和组合改成为三个阈限期(liminalphrase),即阈限前、阈限、阈限后。特纳的研究重点为阈限阶段,即过渡阶段。他认为,阈限阶段是仪式过程的核心所在,因为它处于"结构"的交界处,是一种在两个稳定"状态"之间的转换,是一个过程而不是一种状态。整个阈限过程有三个主要因素:圣事的交流,交流包括展品或所示之物,指的是能唤起回忆或感情的器具与圣物,如英雄、神;行为或所做之事;教诲或所说之话。奇拼怪凑的组合游戏,这种组合是将文化分解成种种构成因子,然后再以各种可能的方式将它们任意组合在结构上,它位于两种状态中间,自然属于两义性的事物。培养共同的感情,

---

① 参见唐启翠:《歌谣与族群记忆——黎族情歌的文化人类学阐释》,《海南大学学报》2007 年第 4 期。

指超越一切正式的社会关系、使人们团结一致的人际情感。在特纳看来,阈限期代表着平等,而其前后的阶段则代表着不平等。从人类学的视阈看来,"夜游"和玩"隆闺"实际上是黎族人生命历程各种转变仪式中之一种——成人仪式中的一种状态:阈限阶段,对于黎族人来说,进入"隆闺",就意味着进入一个身份模糊不定的时空,"子女幼年,常与父母同寝食。女子年长,父母则为之筑私室,间亦有为丈夫子筑者。女子在私室可自由择配,男子于此室则准备娶妻成家。""隆闺"是一个简单的茅草房,却象征着第二次生命的孕育地和另一种生活的开始。

以"隆闺"为核心形成了一个阈限空间,"夜游"玩"隆闺"与婚后的"不落夫家"等实际上是黎族人生命历程中转变仪式的一种中间状态;阈限阶段,与仪式直接相关联的"隆闺"情歌,"槟榔"情歌和"不落夫家"情歌的歌唱,不仅推动了仪式进程,同时也是仪式过程本身的阐释,而仪式与歌唱及其相关联的故事则以诗性叙事的方式达成和强化着族群的记忆。

五、歌谣的社会史意涵研究

歌谣既可作为历史过程(process)的一种表达,也可作为历史产物(products)的遗留。口述作为历史产物,基于传达原始形态的信息;作为历史过程,将口耳相传的转述和传递信息的历史方式加以呈现和突出,所以,当我们把人类的口述传统置于历史的过程和历史的语境时,便产生了对人类自我认识的一个新的界域,至少它使我们明白,人类的口述传统不独是一种特殊的文化遗产,更是理解人类之所以成为人类的历史逻辑,综合而言,口述的价值在于其历史证据,却不仅仅是历史分析的证据;口述的价值在于反映历史的事件,却不仅仅反映历史事件;口述是一种叙事方式,却不仅仅是一种叙事方式;口述价值在于呈现不同族群和地缘的文化特色,却不仅仅突出族群和地缘特色;口述传统促使人们对社会结构分层的了解和理解,却不仅仅有助于对社会结构差异的理解;口述传统的价值在于呈现人类演变的一个镜象,却不仅仅是人类自我的镜象;口述传统的价值体现于展演的实践,却不仅仅是简单的展演活动;口述传统的价值在于加深对政治话语的理解,却不仅仅是话语权力的揭示。

民间歌谣反映的是包括民众的生活、情感、体验、以及对社会认知在内的民间意识形态。因此,社会史的意义上,民间歌谣是一个相对宽泛的概念,大致包括民歌、民谣、民谚和顺口溜等民间话语形式。无论怎样定义或给予什么样的称谓,民间歌谣都是民众生活与思想实践的直接反映。20世纪以来新史学运动追寻"整体历史"的社会史,从关注精英人物和重大事件转向注意普通民众的日常生活与文化,强调"自下而上"看历史。如果把民间歌谣视为历史文本,则契合了社会史的研究视角。

民间歌谣中的许多民谚和民谣在民间口传史充行了地方史志功能,并形成了不同于传统史学的"民间史观"。在民间歌谣中,清雅的竹枝词在传统的研究中一直是文学的题材,但社会史的研究指出,绝大部分竹枝词"既可作为邑志读,并可作邑史读,岂徒供人为茶余酒后之一助哉"。《扬州民歌史略》也称:清代扬州有《竹枝词》千余首,唱词内容涉及社会生活的各个层面,可以说是扬州风情风俗的缩影。由此可见,在传统的民间社会虽然缺乏文字和书籍的记录,但民间歌谣传播和保留了民间社会自身的历史,其中那些广为流传的歌谣被乡土文人名士地方史志记录,甚至被正史采借。但即便是来自地方史志和正史中的歌谣,也不仅仅只是正史注脚,还包含着正史所忽略的许多细节。[①]

　　民间歌谣记录了民众的生活情状,是一部社会生活史。民间歌谣的谚语是民众生活和思想实践的直接反映,反映社会生活的风貌,尤其是一些特殊的民谣或顺口溜描述的区域生活特征,颇具代表性。如《中华风土谚志》中关于关东的三则民谣:"关东城三宗好:黄土堆墙墙不倒,半夜跳墙狗不咬,姑娘丢了娘不找。""关东城三大怪:窗户纸糊在外,翻穿皮袄毛朝外,养活孩子吊起来"。"关东城有七怪:姑娘出门叼烟袋,牛皮勒就是鞋,草披房子篱笆寨,烟囱安在山墙外,房山门子往外开,两口子睡觉头朝外,公公穿错媳妇鞋,骡马驮子驮大载,马拉爬犁比车快。"[②]这些顺口溜用语简练、夸张、若非熟悉民谣的地域和社会生活以及文化背景,准确理解它们是不可能的,常常需要详细的注解。而对它们的解释,就形成了

---

①　参见向往彩:《民间歌谣的社会史意涵》,《浙江学刊》2009 年第 4 期。
②　武占坤:《中华风土谚志》,中国经济出版社 1997 年版,第 605 页。

对关东社会地理特征、季节气候、民风民俗、人们的生活水平和习惯等等的全面描述,其他地域类似民谣顺口溜非常多,如"云南八怪"、"关中六怪"等等,都体现了鲜明的区域特色。①

不同时代的顺口溜也反映了不同时代的社会风尚与社会变迁。例如,对明代民歌的研究表明,明朝晚期社会性爱风气开放,足可颠覆我们对传统"封建社会"礼教传统的僵化认识。冯梦龙称其所辑《山歌》为"私情谱",虽然他的目的是"借男女之真情,发名教之伪药",但《山歌》和同时代的大量私情歌谣,都充分展现了晚明时期的社会风气,下面我们来看一下苗族的歌谣中怎样反映婚姻制度变迁的。

"历史上苗族和其他民族一样,也经历了由群婚发展到对偶婚,由对偶婚过渡到一夫一妻制的单偶婚过程,在母权制向父权制发展之时,便出现了舅权与姑舅表婚,此后族内婚及婚姻彩礼改革一波三折、跌宕起伏。这在苗族《说古歌》、《开亲歌》、《换嫁歌》、《劈简歌》中都有反映。1. 从群婚到对偶婚。《说古歌》中唱道:古时候"美丽的姑人人争,漂亮的姑人人抢。"于是告学公公和吾宁婆用"迷昏汤"把姑娘喝得人事不醒,就把她们带到岩洞里,丑陋的放在洞里深处,漂亮的放在洞口,然后叫男子们去选。跑得快的男子们看到洞口姑娘漂亮,以为里面的更漂亮,就到洞里去找,跑得慢的便得到洞口漂亮的姑娘。跑得快的不服,提出交换。告学公公和吾宁婆

---

① 参见向往彩:《民间歌谣的社会史意涵》,《浙江学刊》2009 年第 4 期。

婆不同意,当下规定:"得好的就要好的,得丑的就要丑的,哥哥得是哥哥的,弟弟得是弟弟的"。"告学公公订法规,吾宁婆婆订法规,订法规像砌墙,订法规像架梁,高山可越过,法规不可越"。这段古歌就是群婚向对偶婚过渡的记录。2.从"从妻居"到"从夫居"。"男人嫁给女人"的"从妻居"婚姻形式是母权制社会的情形。《换嫁歌》反映了随着父权制的确立,苗族婚姻开始转变为"女人嫁男人"的"从夫居",并将这一转变成果用习惯法加以确立。"百鸟鹏当王,百家内外事,都是女人掌。女婚男嫁人,自古有规章,榔约今犹在,埋岩立桩"。这首古歌在历数男人体力优于女性,能为父母承担更多责任等多种好处后唱道:"儿子来当家,是比女儿强,两个老人家,又再来商量,嫁男改嫁女。请理老立桩,喝了五缸酒,吃了五只羊。几个大理老,理片敲得响;自古兴嫁男,留女养爹娘。已有老古规,已埋下岩桩。可事到如今,留男比女强,要废掉古规,重埋新岩桩。"3.抵制"舅霸姑婚"。《开亲歌》和《刻木歌》集中反映了舅权与姑舅表婚的危害性和苗族人民对它的抵制和反抗。苗族社会长期保有"姑舅表婚"的习惯,据《镇远府志》载:苗族婚嫁"姑之女定为舅媳,倘无子,必重献于舅,谓之外甥钱,否则终身不得嫁或招少年往来"。可见舅舅对姑妈之女的婚事有最先决定权,这就严重地制约了苗族青年男女的自由恋爱,剥夺了年青女子追求幸福生活的权利。这在《开亲歌》"逼嫁"一节有清晰的反映。歌中唱道:"逼扁金出嫁,真也逼姑娘,假也逼姑娘",逼得姑娘出走时"心里冷冰冰,胸中藏忧伤"。最后只得以自尽来威胁舅舅。舅舅见逼婚不成,于是就索要财礼作为补偿,即"舅爷钱","白银三百两,骡马三百匹,水牛三百头,鸭子三百对,三百块花布"。这对普通苗族农户来说是"天价",如果这些彩礼付不出,那就只好去"刻木"。歌中舅舅索要这些根本实现不了的财礼,实际上还是要逼迫姑妈家的女儿嫁给自己年级尚小的儿子,以实现"舅霸姑婚"。①

歌谣的内容和形式变化,是社会变迁的缩影,歌谣具有鲜明的时代特色,反映的都是社会最关切的问题,也折射了当时社会的历史特征。歌谣内容反映的长时段、整体的社会变迁,则需要对特定歌谣作大量的分析。王华对大量宋代生活谣、政治谣、法律谣、社会谣的分析研究,揭示了宋代社会近世化的特色。② 旷向雄对唐代谶谣的研究揭示,由于谶谣在汉代以来历遭禁毁散失,唐代是谶谣发展的一个重要时期,谶谣也是"唐代社会具有广泛影响的文化现象"。③

口述更多属于"底层人民"发出的声音和习惯的表达方式。诚如汤普森所说:"口述历史是用人民的语言把历史交还给了人民,它在展示过去的同时,也让人民自己来建构自己

---

① 参见徐晓光:《古歌——黔东南苗族习惯法的一种口头传承形式》,《中南民族大学学报》2009 年第 1 期。

② 参见王华:《从谣谚看宋代的近世化倾向》,暨南大学硕士论文,2004年。

③ 旷向雄:《唐代谶谣初探》,首都师范大学硕士学位论文,2004 年。

的未来。在很长的历史时期里,由于底层人民的社会地位和生活状态并未受到应有的重视,某些底层历史资料至今尚未引发足够的方法论思考",歌谣所反映的口述史是乡土观念、讨人喜欢的形象、有意思的主题、讽喻形式以及象征表达取之不尽的源泉。文化人类学的"异文化"研究和田野作业的特殊要求,使得人类学家们对"乡土知识和民间智慧"特别亲近和熟悉,乡土知识和民间智慧因此成为我们的共有文化资源。

第五章　歌谣与历史变迁中的
地方社会

—— 对河州"花儿"的田野调查

第一节　河州"花儿"区域的社会
历史与文化情境

一、历史上农业文明与牧业文明的交汇区域

古河州地区,处于青藏高原和黄土高原的过渡地带。由于这种特殊的自然地理原因,这个地区在历史上是个多种势力,尤其是游牧民族和农耕民族的冲突地带,迁徙人口特别多,民族也特别复杂,民族之间的融合特别频繁,在这种大融合中,各个民族的文化相互交流,花儿便是代表多民族融合特性的个性文化。

从地图上看,花儿植根和流传的地域是中国最干旱、最贫瘠的黄土高原和青藏高原的交汇地带。花儿产生于甘肃洮岷、临夏和青海的东部农业区,流行于甘肃、青海和宁夏、新疆

等四省区八个民族中,是这些民族的群众用汉语歌唱的一种口头艺术形式,其独特性主要体现在传播地区广、流行民族多、曲调独特和感情色彩浓厚,这是任何一种民歌都无法相比的。

花儿最早的族属问题,笔者在和政县调查时了解到,和政有着花儿独特的伴奏古老乐器咪咪①,除了和政,在其他地方,这种乐器是看不见的。从这一点,也印证了花儿的产生与古羌人有关。花儿产生在草原文化与农耕文化的交汇地带,产生在旷野里,花儿这种形式被相对稳固下来,并不是某一个民族的贡献,而是这块土地各民族群众共同的贡献,是汉语文化圈集体的智慧,是不同民族文化交融的结晶。

河州花儿,也叫少年,这是因为在河州,男子喜欢把心爱的女人称做花儿,女人把心爱的男子称为少年。这反映了河州花儿的情歌特点。河州花儿因为是情歌只能在野外山间歌唱,所以当地人也称之为"野曲"、"大山歌"。长期以来,人们公认花儿最早流传在河州一带。20世纪20年代曾来甘肃考察过花儿的袁复礼说:"话(花)儿的散布以(甘肃)北部东部较少,以西部南部为多,尤以河州(今导河宁定二县)狄道一带为最普遍"。②

---

① 咪咪:是回族特有的民间乐器。这种乐器用无名指粗细的竹管制成,开有6有音孔,酷似笛子,但要竖吹;吹口处装有用嫩树皮制成的发音器,利用薄膜振动发音的原理吹出声音,靠6个音孔的音阶加一个自身音阶共7个音阶奏出曲子旋律;咪咪分单管和双管两种,用来吹奏"少年"曲调最为适宜。

② 袁复礼:《甘肃的歌谣——话儿》,《歌谣》周刊第八十二号,北大歌谣研究会出版,民国十四年(1925)三月十五日。

20 世纪 30 年代,研究花儿的牙含章指出:"三陇的花儿,可分为三个区域:第一是河州狄道一带,包括洮沙、官堡、渭源、和政、宁定、永靖、夏河、循化、碾伯等县,这一区域,花儿的作风和唱的调子都是相同的。第二区域是西宁、湟源、巴燕戎、贵德一带,这一区域的歌词形式和河州相同。第三区域是洮州、岷州一带,这一区域的花儿作风和调子完全是独立的,和前两者完全不同。"①

到了 20 世纪 40 年代初,张亚雄在出版的《花儿集》中更明确指出:"花儿生于河州、洮州等地,其主要歌唱者为劳苦大众。"②

一直到 20 世纪八九十年代研究花儿的许多学者也持相同的观点。魏泉鸣教授指出:"'河州花儿'这种称谓就已经说明了它的发源地了"。③

这些学者的研究说明,河州历来是花儿的主要流行地区。河州花儿的记载,从现在掌握的资料看,至迟出现在唐代后期。唐咸通十二年(871)的进士张乔写的诗《河湟旧卒》:"少年随将讨河湟,头白时清返故乡,十万汉军零落尽,独吹边曲向残阳"郭栋、赵忠二先生认为,其中的"边曲"可能是指河州一带流行的花儿曲。④

---

①　牙含章:《花儿再序》,《甘肃民国日报》民国二十五年(1936)十一月。

②　张亚雄编:《花儿集》,重庆青年书店出版,民国二十九年一月(1940),第 55 页。

③　魏泉鸣:《花儿新论》,敦煌文艺出版社 1991 年版,第 8 页。

④　参见郭栋、赵忠选注:《古诗咏河州》,敦煌文艺出版社 1994 年版,第 56 页。

明洪武三十年（1397），大学士解晋贬谪河州期间有首诗写道："春风一夜冰桥折，霹雳声如百面雷。亦有渔人捕鱼者，短歌微送月明回"。柯扬教授认为："这首诗中的'短歌'二字，很值得注意，恐怕是见诸书籍的关于河州民歌最早的记录，我虽然不能断定他所指的一定就是最初的花儿，但可能性是很大。"①明天顺八年（1464）至成化一年（1465）任过兵部侍郎的王竑是河州人，他在描写家乡南龙山的一首诗中写道："堤边杨柳郁如林，日日南风送好音。长养屡消三伏暑，咏歌曾入五弦琴。树头散却清晨雾，溪畔摇开白昼阴。野老约来同憩此，任他炎热不能侵。"②按七律诗格式，南风"送好音"必对庭院"五弦音"，"好音"显指花儿。

花儿之名明确出现在史籍中，是在明成化年间（1465—1487）曾任河州儒学教授的高弘写的一首诗，诗曰："青柳垂丝夹野塘，农夫村女锄田忙。轻鞭一挥芳径去，漫闻花儿断续长。"③

这些文献都说明，花儿最早产生和流行于河州地方，花儿称做河州花儿。

二、具有文化意味的地理方位

和政是四季飘漫"花儿"的地方。从其地理方位上看，和政县位于临夏回族自治州④南部，地处青藏高原和黄土高原

---

① 柯扬：《诗与歌的狂欢节》，甘肃人民出版社2002年版，第92页。
② 王竑：《休庵集》，明成化年刻本。
③ 赵宗福：《花儿通论》，青海人民出版社1989年版，第84页。
④ 古河州的大部分区域就是现在的临夏回族自治州。

过渡地带。和政,汉前为西羌之地,东晋十六国时前凉设县,初为金剑,后设宁河驿,今称和政。① 和政县东与广河、康乐接壤,南同甘南藏族自治州的卓尼、夏河二县隔太子山相望,西与临夏县交界,北与东乡族自治县相连,介于东经 130°5′—130°30′,北纬 37°7′—35°32′ 之间,东西宽 37.5 公里,南北长 46 公里,总面积 960 平方公里,距省城兰州市 100 公里,距州府临夏市 30 公里。全县共辖 5 镇 8 乡 122 个行政村,是一个多民族县,有汉、回、东乡、藏等 9 个民族,人口 19.3 万人。

国家级森林公园、省级风景名胜区松鸣岩位于和政县城南 25 公里处,由西方顶、南无台、玉皇峰、鸡冠山四峰组成;景区内青峰接云,古松参天,四季云雾缭绕,终年流水潺潺,每当山风劲吹,松涛声震彻峡谷,故得名"松鸣岩"。每年一度的传统节会——松鸣岩花儿会便于农历四月二十六至二十九日在这里举行。松鸣岩是甘肃省著名的花儿三大会场之一,河州花儿的发祥地,河州花儿的南乡大本营,也是临夏地区、甘南州卓尼县、夏河县以及兰州、定西等地区歌手每年如期参加的、在甘肃省一年中最先举行的花儿会,是孕育河州花儿歌手的摇篮。根据《和政县志》记载,松鸣岩每年四月二十六、二十七、二十八、二十九日开龙华大会,朝拜者累千聚万,香火甚盛。② 根据史料记载,松鸣岩花儿会有持续的历史传承性,有固定的演唱时间和场所。

① 《和政县志》,兰州大学出版社 1995 年版。
② (明)嘉靖《河州志》,甘肃省图书馆藏抄本。

和政县地图

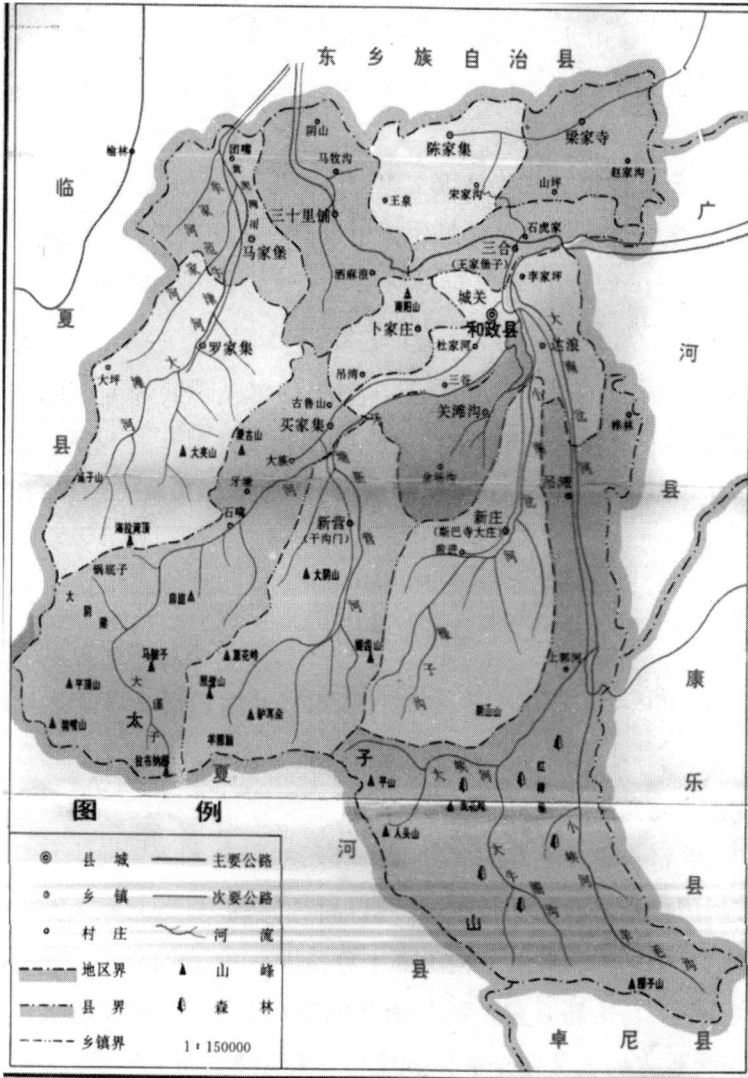

2004 年 8 月松鸣岩被中国民协授予"中国花儿传承基地",2005 年 6 月被西北民族大学确定为"民俗学、民间文艺学松鸣岩教学科研基地",2006 年被国务院公布为第一批国家级非物质文化遗产保护名录。

三、伊斯兰文化与汉文化交融的区域

笔者之所以选科托村作为田野调查点是因为:首先,从地理位置上讲,科托村是吊滩乡人民政府所在地,距县城以南 10 公里,离河州花儿三大会场松鸣岩 10 公里,是离松鸣岩花儿会场最近的村子。其次,这个村子的村民以东乡族为主,宗教传统比较浓厚,这种传统文化的现代变迁过程是我所感兴趣的。最后,"国家级非物质文化遗产代表性传承人"马金山及他的花儿艺术学校也在这个村子里,这个民间花儿歌手的生活史是笔者所关注的。所以,笔者最后把田野点选在科托村。

2008 年 10 月 18 日,笔者进入田野开始了相关调查工作。科托村是个东乡族村,东乡族人口约 1627 人,回族 20 人,汉族 25 人。生计方式以农业为主,主要种植冬小麦、蚕豆、洋芋,经济作物主要是油菜和芥子等药材。其乡间公路穿村而过,因为是吊滩乡的行政村,所以科托村的电信通信、贸易交流、交通运输以及劳务输出都十分活跃。10 月的科托村正是农闲时节,恰巧是穆斯林开斋节的时间(按惯例穆斯林开斋节男性家庭成员要全部回到家中进行宗教"聚礼"),笔者来到村子的时间也是这个古老村庄人气最旺的时候。去往村支

书家的路上笔者看到村子里几乎家家都在修房子、盖房子。出于好奇笔者访问了村支书和一些村民,据村民们讲:这是因为"有很多村里人都出外做生意,跑出租车,乡里县里每年都组织闲余劳力外出务工,仅外出务工人员人均年收入可达到万元以上,""现在利用农闲时节和开斋节,外出一年务工的人员都回来修房子"。

科托村没有村志,于是笔者从地名入手,开始翻阅史料,考察临夏地名,叫"斡托"的地名有很多,不过有的地方叫"窝妥",有的地方叫"苦妥",有的地方叫"科妥"、"坷妥"、"窝托"。虽然不同的地方由于方言关系叫法有些差异,但都是从"斡托"演化而来。关于斡托,史学界曾有过许多不同的认识。清代著名史学家洪钧(1839—1893)在《元朝各教各考》中认为"斡托即犹太教,审定字音,当云攸特"。张亮尘先生在其所著的《古代中国与犹太之交通》一文中认为"又有斡托,亦元时犹太人之称谓也"。①

日本人箭内恒在《元朝斡耳朵考》的译文中,将斡托译为斡耳朵,义为宫殿和行帐,并在《元史·元典章》中举出例证。翁独健先生在《斡托杂考》中认为:指出"斡托者,元代特种商人之名称"。他以《元典章》户口条画为证,指出斡托户是奉圣旨诸王令之随路做买卖之人,"钦依先帝圣旨,见住处与民一体当差",认为斡托是元时之官商,是元廷皇室及诸王贵族

---

① 　马志勇:《东乡族源》,兰州大学出版社2004年版,第64页。

之御用商人。①

前三种观点以读音相近翻译而成,不无牵强。笔者认为翁独健先生的观点"官商"、"御用商人"之观点较为正确。

据《临夏回族自治州志》记载,"元代还有不少被称为'斡托'的官办穆斯林商队活跃在临夏地区"②,这一地区的东乡族主要来源于元代被称为"斡脱"的官办穆斯林商队的后裔。由于每年农历4月至6月是农闲季节,此地就一直保留着松鸣岩"浪山场"的习俗。

第二节　1950年以来的"花儿" 研究及"花儿"文本

当笔者着手开始查阅花儿的研究成果及花儿文本的时候,如此繁多的资料是笔者万万没有想到的,一方面,通过对临夏及和政县的图书馆、宣传部、文化馆的搜集,花儿研究及花儿文本的资料比较多;另一方面,资料很分散,没有统一归类,不够全面。据图书馆的人说,很多资料在许多民间收集者手中,于是,笔者又寻访了当地的几个民间学者收集了一些资料,但是收集到如此繁多的花儿研究成果是不现实的,所以花

---

① 马志勇:《东乡族源》,兰州大学出版社2004年版,第64页。
② 《临夏回族自治州志·民族宗教志》,甘肃人民出版社2004年版,第1287页。

儿学者魏鸣泉的《花儿学史纲》①对了解整个花儿研究及花儿
文本状况，起到了很大的作用。本章首先是一个对花儿以往
研究的回顾和梳理。其次，也是对"花儿学"这门学科知识的
生产过程的梳理，正如知识社会学的观点所言，知识的生产与
意识形态相关，所以笔者的论述将把花儿学的发展与各个时
期的社会情境结合，以便了解 1950 年以来，花儿的研究及花
儿文本的收集是如何适应、反映社会变化过程的。

　　花儿学者柯扬将花儿研究取得的成果归纳为以下 10 点：
花儿的产生、演变、体系、流派及其发展史的研究；花儿同人民
生活的关系及其社会作用的研究；花儿的思想内容及艺术特
点的研究；花儿格律的研究；花儿音乐结构及其演唱风格的研
究；花儿中各民族文化相互影响的研究；花儿会的形成及其社
会意义的研究；花儿语言特点的研究；著名花儿歌手的研究；
如何从花儿中吸取营养来进行诗歌创作的研究。②

一、初期的整理与研究

　　关于花儿的研究最早要上溯到 20 世纪 20 年代。1925 年
3 月 15 日出版的北京大学《歌谣》周刊第 82 号，刊载了袁复
礼搜集的 30 首花儿以及他写的介绍花儿的《甘肃的歌谣——

---

　　①　魏泉鸣：《中国花儿学史纲》，甘肃人民出版社 2005 年版。
　　②　参见柯扬：《诗与歌的狂欢——"花儿"与"花儿会"之民俗学研究》，甘
肃人民出版社 2002 年版，第 56 页。

"话儿"》①一文。这一事件可以说标志着花儿研究的开始。此后,关于花儿的搜集、研究工作几乎一直未中断过。20世纪40年代,甘肃《民国日报》记者张亚雄出版了花儿研究专著《花儿集》,②这在花儿研究史上是件大事。因为该著作首次对花儿进行了系统研究。该书分为上下两编,上编为"西北山歌花儿叙论",共包括10章;下编为花儿选,分30个主题内容,选入483首花儿唱词,加上上编词例,全书总共收录花儿唱词653首。该书对花儿类型、语言运用、传唱地域,以及与其传唱者相关的一些民俗事象做了较为系统的介绍。

二、"文革"前的徐缓进展

从1950年到1966年6月,花儿研究进入一个新的历史时期。这时的花儿研究主要属于花儿的简介性质,新中国刚刚成立,政府对民间文学文艺工作持鼓励的态度,这一时期朱仲禄的《花儿选》是较有分量的正式的花儿选本,还有就是一篇介绍花儿的描述性文章。关于花儿的属性朱仲禄认为:"花儿是劳动人民的艺术创作。而且它并不是哪一个人的创作,而是千千万万的劳苦大众在常年的劳动过程中的集体创作……花儿就是他们的口头创作,这里既没有经过反动统治阶级的改篡,也未经所谓文人们的修饰,它完全属

---

① 袁复礼:《甘肃的歌谣——话儿》,《歌谣》周刊第八十二号,北大歌谣研究会出版,民国十四年(1925)三月十五日。

② 张亚雄编:《花儿集》,重庆青年书店出版,民国二十九年(1940)一月。

于劳动人民"。① 1958 年毛泽东提倡采集新民歌运动,这个时候正是全国上下大办人民公社的时期,这种以歌功颂德为主旨的运动,由于自上而下的倡导,自下而上的响应,俨然形成一次高潮。花儿的搜集、整理和研究工作走向了发展的轨道,但这一时期搜集的花儿集明显带有当时社会政治形势的浓重色彩。

三、十年停滞

1966 年 6 月文革开始,至 1976 年 10 月粉碎"四人帮",这个中国历史上的"文革十年"是花儿研究和搜集工作处于严重停滞的历史时期。

四、劫难后的复苏

1976 年 10 月以后到 20 世纪 90 年代初,花儿的研究进入蓬勃发展的繁荣期,这一时期可以说是花儿学史上的又一个高潮,《中国民歌集成》的工作开始大规模地展开,人们运用科学的方法搜集到了大量珍贵的花儿曲调。1981 年 7 月 27 日,甘肃省首届花儿学术讨论会在兰州举行,在这次会议中学者学者们首次提出了"花儿学"的概念,"花儿学"有两层意义:一是研究"花儿"的学问;二是以"花儿"为研究对象的学问。"花儿学"的提出无疑将花儿研究提到了一个学科的高

---

① 朱仲禄:《花儿介绍》收青海《花儿评介、讨论研究撞击》,1961 年 9 月内部本。

层面上。20世纪80年代中期开展编著的《中国歌谣集成》，又使花儿的搜集进一步深入，各地中国民歌集成《甘肃卷》、《宁夏卷》、《青海卷》、《新疆卷》陆续出版。学者们力图构建"花儿学"的理论体系，出现了多本"花儿概论"式的著作，"花儿"的研究工作向纵深发展。比较有代表性的选本有郗慧民选编的《西北花儿》(1984年)、柯扬、雪犁编的《西北花儿精选》(1987年)、王沛编的《河州花儿》(1992年)以及甘、青、宁三省区的三套集成(歌谣卷)中选编的花儿等。同一时期，花儿研究论著也陆续问世，如青海民间文艺研究会编的《"少年"(花儿)论集》(1982)、青海艺术研究所编的《花儿论争集》(1987)、赵宗福的《花儿通论》(1989)。但是，这一时期影响较大的研究著作还是1989年兰州大学出版的郗慧民先生的专著《西北花儿学》。[1] 全书共16章，该书系统地阐述了花儿的历史起源、类型、流布、内容、艺术特色、语言运用、曲令、衬词，以及与花儿有关的一些民俗活动，如花儿会等内容。

五、沿时代节点的多视角研究

自20世纪90年代中期以后，全国加快经济体制改革步伐，80年代末的文化热开始降温，花儿研究的热度也在逐渐减弱，而且似乎有越来越萧条的趋势。

进入21世纪初，经济全球化，文化的多元化、文化本土化开始引起一些民族国家的重视。特别是2003年年初，中国政

---

[1] 郗慧民:《西北花儿学》，兰州大学出版社1989年版。

府有关部门发起实施了为期17年的"中国民族民间文化保护工程"，标志着这项工作在中国，已经全面转化为政府行为，而且很快上升为国家意志。这种形势促使花儿研究中重本体研究，同时还有民俗角度的研究传统开始转变，而人类学、社会科学开始参与到花儿研究中来，特别是把花儿作为一种文化现象的研究，但这类研究毕竟不是很多。柯扬的论文《莲花山"花儿"程式论》和《听众的参与和民间歌手的才能——兼论洮岷"花儿"对唱中的环境因素》，是以"口头程式理论"和"表演理论"研究花儿的代表性成果。关于花儿的研究专著较少，如李雄飞博士以《河州"花儿"和陕北信天游的对比研究》作为其博士论文，他利用平行比较的方法，从两种山歌的对比研究中探讨河州花儿的特点。张君仁于2004年在其博士论文的基础上出版的《花儿王朱仲禄——人类学情境中的民间歌手》①一书，从一位较具代表性的"花儿"歌手入手，通过其个人成长经历、传唱实践以及艺术成就，探讨了其与花儿之间多方面的渊源关系，最终从音乐人类学的角度对花儿进行了理论深度的阐释。这是"花儿"研究史上第一个专门研究"花儿"歌手的生活史的专著。

　　21世纪以来，许多民族国家开始反思本民族文化，中国花儿的研究开始进入国外学者的视野。美国普林斯顿大学凯瑟·劳瑞的学士学位论文（Kathrynlowry）《语言、音乐和仪式：

---

　　①　参见张君仁：《花儿王朱仲禄——人类学情境中的民间歌手》，敦煌文艺出版社2004年版。

论中国西北的优秀民歌花儿》对"花儿"中诗句的比喻和文学精髓进行了研究。美国哈佛大学教授赵如兰博士撰写的学术论文《莲花山花儿会:关于表演环境的研究》,运用鲍曼等人的"表演理论"对歌唱者与听众之间的微妙关系进行了深入的分析。美国印第安纳大学民俗研究所苏独玉（Mary Clare（SUE）Tuchy）教授,以《中国传统文化的纵想:论"花儿"、花儿会和"花儿"的学术研究》①为其博士论文,主要对花儿歌曲、演唱"花儿"的节日及对其整套程序——如涉及中国传统的一些象征或一些关系所作的研究。在日本,最早注意到中国西北地区的民歌花儿并撰文向日本人介绍的,是著名的口头文学专家志村三喜子女士。之后有神奈川大学教授广田律子撰写了《花儿会上的求子信仰习俗》。名古屋大学的樱井龙彦教授于 2000 年 12 月编写了《花儿研究资料目录》。② 这个目录搜集了 1925 年到 2000 年间有关中国花儿研究的专著和论文。

以上就是笔者对 1950 年以来中国对花儿搜集和花儿研究历史的回顾和评述。我们可以看到,在各个历史时期,国家政治形势、文化思潮对花儿的研究及文本的收集有重要的影响。笔者认为花儿研究中存在一些值得思考和反思的问题,主要有以下几点:

---

① 　Mary CIare（SUE）Tuchy（苏独玉）:《中国传统文化的纵想:论"花儿"、花儿会和"花儿"的学术研究》,美国印第安纳大学博士论文,2002 年。
② 　闫国芳:《"花儿"研究概述及思考》,《昌吉学院学报》2005 年第 4 期,第 52 页。

首先,以往对花儿的研究,多限于文艺学角度,形态描述和研究构成了主流,尽管有些花儿的研究文章表现的是人类学、民俗学的概念,但是作为文化系统的花儿研究还是不够,尤其是把这种文化系统放在文化区域空间背景中进行的诠释和研究。

其次,缺少多学科参与和跨学科视野,尤其是人类学的缺席,导致了花儿研究的裹足不前。尤其是在非物质文化视野中,"花儿"文化活动与当前的政治、经济、商业、旅游以及全球化的关系的探讨很欠缺,作为社会和文化现象的花儿及花儿活动却未得到应有的关注。这都局限了在全球化及本土化情境下,对花儿这一整体文化的全面和立体的理解。花儿研究的这种状况及其造成的局限,在目前我国正在开展的非物质文化遗产抢救、保护工程的大背景中日益显示出来。

通过 1950 年以来中国各个历史时期的花儿集的分析和比较,笔者发现这些花儿集的编辑和收集都具有意识形态的色彩。首先,最为明显的,我们知道花儿是以情歌题材为主的一种山歌,但在已经出版的花儿集中,编者往往只收编了部分精选的花儿,对于一些被认为是猥亵的花儿则排除在外,有的收集起来又将内容删改。政府所历时二十年的中国民歌集成工程中,没有将民间有性色彩的艳情歌和直接言性的民歌收集起来,这是一个缺憾。其次,1950 年以后出现的新花儿,劳动歌、生活歌的数量增多,有的反映当时政治形势,有的歌唱新生活,有的则是为了配合当时政策宣传,而情歌为主的传统花儿的数量则减少。关于这一点,在后文中有较为详细的论述。

第三节　一个花儿歌手的生活史

通过本节内容,笔者想阐释的是当代社会变迁中花儿的传承和适应情况,以期为非物质文化遗产保护与地方社会研究提供一个深入观察的个案。笔者研究以"深描"式的民族志叙述为主,将人物的事件与思想观念变化结合起来,融合历史记忆与自我评价,将个人与文化群体,个人与社会变迁联系起来,从文化展演(culture representation)、文化真实性(culture authenticity)、文化涵化(acculturation)、文化商品化(culture commoditization)以及文化传统的再创造和再发明等问题进行讨论,通过一个"全局性"的分析,将视角拉回"地方社会"。

一、"花儿"的传统传承方式

对花儿民间歌手生活史研究的著作,目前只有一本,就是张君仁于 2004 年在其博士论文的基础上出版的《花儿王朱仲禄——人类学情境中的民间歌手》①一书。该书是对一个民间歌手的传记式研究,从一位较具代表性的花儿歌手入手,通过其个人的成长经历、传唱实践以及艺术成就,探讨了其与花

①　张君仁:《花儿王朱仲禄——人类学情境中的民间歌手》,敦煌文艺出版社 2004 年版。

儿之间多方面的渊源关系,对歌者与歌种、个体与群体、社会与历史、文化与政治的关系进行了一定的分析,最终从音乐人类学的角度对花儿进行了带有一定理论深度的阐释,这是花儿研究史上第一个研究花儿歌手的生活史的专著。

民间歌手是歌谣创造的主体,民间歌手的形成是个人生活经历、社会环境、历史条件等综合作用的结果。因此,可以说研究民间歌手是考察特定社会、文化、历史的独特途径。歌手的历史就是一个时期、一个地域或者一个民族歌谣发展的历史的缩影,对歌手生活史的研究,不仅可以了解一个时期花儿的实际生存状态,这种研究方法也是人类学整体观的很好的体现。

在去往村子的路上,一车同行的有八个当地人。一路上就和他们说起花儿。但是,让笔者感到意外的是,他们对花儿的态度却各不相同,有的说"花儿是野曲,登不上大雅之堂",有的说"连神仙都那么喜欢漫花儿,何况咱们老百姓呢",但是经过一段时间在科托村的调查,笔者发现人们对花儿的认识还是有了一定的变化。传统上认为花儿是"野曲"、"黄色小调",在家、村子里不唱、也不会听花儿。现在虽然会唱花儿的人少了,但是人们或多或少会认为花儿是一种"艺术",现在村里许多人已经不会忌讳在家中听花儿的唱片了。

在笔者进入科托村以后,就开始找典型的具有代表性的民间歌手做报道人,让笔者感到奇怪的是,无论到哪里,从政府官员到民众,都提到一个叫马金山的民间歌手。笔者选择马金山作为报道人有几点理由:首先,他是一个典型的民间花儿歌手,正如张君仁指出"民间歌手即那些拥有'民间歌曲'的,只有口头创作传统和演唱历史习惯的社会群体之中的,能够在演唱方面起到示范作用个别和一部分。"①马金山是东乡族唱花儿的好把式,今年60岁,不仅精通多种花儿曲令,吹咪咪,唢呐、三弦、二胡、手风琴都有一手。几十年来,马金山痴迷学唱花儿,编写花儿。只要有花儿会,马金山必定前往参加。其次,1949年出生的他,整个生命历程正好跨越1950年以后的社会历史变迁过程,正符合研究的时间跨度。再次,他的"国家级非物质文化遗产代表性传承人""花儿艺术学校校长"等诸多身份与花儿文化在当今的社会生活诸多事项相关,这一切都使得笔者选择马金山这位民间歌手作为对花儿歌手生活史研究的报道人。

2008年10月19日上午,笔者经过长途的颠簸,终于在科托村马金山家里第一次见到他。马金山身高不过1.70米,身穿一件浅色的西服,头戴一顶黑色礼帽,会说流利的汉语,在我看来,这种装束和当地大多数人的穿着很不一样。笔者说明了来意后,他很热情地接受了笔者的访问。此后一个月的时间里,笔者每天一大早就到马金山家里,围坐在炕上,听他讲作为一名花儿歌手的生活史。

马金山1949年出生于科托村传统的东乡族家庭里。他的父母连生了5个孩子但都夭折了,生下他后格外钟爱,无论

---

①　张君仁:《花儿研究观念的更新与研究领域的拓展散议》,http://www.chinalxnet.com 中国临夏网,2003年。

什么事都由着他的性子。父亲的咪咪在当地相当有名,他三四岁时听父亲吹,七八岁时父亲背着他到山里学,因年龄小,气不足,父亲特意给他制作了单管的咪咪。他记忆力特别好,学得很快,没多久全掌握了。一般人吹咪咪换不过气来,而他一口气就能吹7、8首。马金山说,他父亲只是喜好乐器,花儿唱得"不咋样",他母亲唱得非常好,他自小从母亲那里得了"真传"。

1958年以前,虽然政府是不反对唱花儿的,因为新中国建立初期认为花儿是"劳动人民"的歌,然而在这个东乡族聚居的小村庄来说,据他回忆,因为科托村几乎都信仰伊斯兰教的缘故,阿訇及宗教上是反对唱花儿的,尤其是女子唱了花儿是要受到鞭打的。但是,他说"那个时候生活太艰苦了,男女唱花儿是为了表达心意。还是有很多人"偷着唱"花儿。

1958年以后,政治风暴开始了,政府一方面开始反封建宗教特权,一方面花儿也成了禁歌。1961年,也就是马金山12岁时,他唱东乡族宴席曲就是调把式。每天他到山里去放羊时,就唱花儿。1962年,13岁的马金山喜欢上了唢呐,他认为唢呐声音大且悦耳,配合花儿效果不错。唢呐不是这个区域花儿艺人们的爱物,一向把它视为"异端",因为在穆斯林心目中,唢呐从来是一种汉民族的乐器,马金山不好意思在村里吹,于是他就拿着自制的唢呐背着土枪,到大桦梁山里偷学,在空旷的山里自在地吹,自娱自乐。他说,由于花儿的情歌性质,花儿在生活中存在一个禁限禁传的范围,比如不准在家中、村庄周围唱,直系亲属间禁唱,某些带有血缘关系的亲戚之间禁唱,公公与媳妇间更加禁唱,花儿只能在无亲属关系的歌手之间唱。因为正统的主流文化将花儿看做是胡言乱语,花儿成为了村庄和田间野外的一道分水岭,进入了这道分水岭——人们生活的村庄之内,花儿就成了人们唯恐躲避不及的违禁品,而出了这道分水岭来到田间野外,人们则可以尽情地歌唱了。

也就是在这个阶段,马金山开始学习做刀子的手艺。他是铁匠手艺的第四代传人。这四代分别是:第一代尕铁匠(祖籍是河南洛阳人)、第二代张孙及尼、第三代张文各、第四代马金山。马金山和张家是姑舅亲属关系,张孙及尼和张文各的三弦比较好,所以他白天当铁匠,晚上学三弦。为了唱花儿,马金山在冬天制作刀子卖钱,靠卖刀子的收入马金山才得以赶各个地方的花儿会。马金山制作的刀子一把卖到一百多元钱,而且是供不应求。因此,当地人也把他称为"铁手铁嘴"。

1964年开始,15岁的马金山开始学二胡,自制乌龙头二胡,还自学了三弦。唱花儿时马金山拜过六位老师,这两年中就拜本村老艺人马尚志、马占山学习花儿。他的花儿老师中最有名的一位叫马占山,广河南山人,歌唱得好,常在四川、青海等地跑,会唱的曲调特别多,临夏民间的花儿调子基本都是马占山和一位姓王的艺人传下来的。马金山跟他学了三年,受益一生。

临夏地区回族、东乡族等伊斯兰民族都有早婚的习惯,马金山也不例外,他17岁也就是1966年结婚,妻子比他小一岁。甚至结婚后他还和比他小很多的孩子一起上小学。

1970年,正值文化大革命时期,马金山任吊滩公社宣传队队长,为了配合宣传,他经常创作一些歌颂毛主席、共产党、新生活的歌曲,但当时花儿题材的歌曲是不让唱的,有一次他根据东乡一令①创作了歌曲"东乡族人民热爱共产党/字字句句的政策记心上/翻身不忘毛主席……"江青抓文化活动期间,他曾到州上演出多次。马金山说,1966年到1976年的"十年动乱",阶级斗争天天抓,劳动生产瞎指挥,那时就有人偷偷唱这样的花儿词令:

> "猪八戒要过个通天(呀)河,通天的河水们冻了;
>
> 开会(嘛)批斗的人(呀)难活,针眼里透了个命了。"
>
> "你拿上镢头者我拿上锨。三九的天,要修个水平的梯田;
>
> 庄稼们烂掉的全(啊)不管。喇叭里喊,全靠个'方向'(嘛)'路线'"。

1972年,23岁的马金山拜当时临夏一中的音乐老师王沛为师,在王沛门下,他的音乐知识得到了巩固。1973年马金山担任生产队队长、会计。1975年任大队团支部书记,在当时情况下,花儿还是不能唱,谁唱花儿谁就是牛鬼蛇神,他有次憋不住就到山里唱花儿,被人发现后遭到批斗。即使这样,他还是偷偷到王绍明(也遭到批判)那里学花儿。

1978—1979年开始,临夏州政府开始组织莲花山、松鸣

---

① 河州花儿的曲调称做"令",不同的"令"标志着不同的曲调。

岩大型花儿山场。1980年马金山创作的《花儿》5首被临夏州文化局、群众艺术馆收藏,并授予"太子山脚下的金唢呐"和"东乡族的二胡王"之称。

20世纪80年代初,作为西北地区的一个少数民族小村庄,马金山回忆说,在这里他的生活还是很悠闲的,那时候家庭联产承包责任制的土地制度刚刚在全国实行,平时他最主要的活就是种地,夏季种油菜,冬季种冬小麦。他说村子里面大多数人的生活和他是一样的,平时有很多悠闲的时间,"那时候的人精神面貌真的很好,人们很喜欢到户外一帮人聚集到一起"。他说,在那些岁月里,花儿是无时不在,他们唱流传下来的,也随时随地随景创作新的花儿唱词和曲调,他们用最质朴的语言表达对生活的感受和内心的情感。"在我们这里,花儿基本上谁都会唱,谁都能唱一半首。花儿的传唱与季节和气候有关。春暖花开的时候就开始唱花儿,冬季一般不唱花儿。春夏时节,千千万万的人从村子里走出来,不论民族、不计年龄,涌向花儿会场,去歌唱,去会友,尽情抒发感情,表达心意。从七八岁的小孩到白发苍苍的老人,壮小伙、小媳妇,不管是在山头、林中、河边、田野,都是一展歌喉,纵情欢唱。"

这个时候的马金山已经步入中年,按他的话说,情歌为主的花儿是年轻人唱的。而马金山因为有副好嗓子,多次被当地县广播局请去宣传政策。比如,20世纪80年代初我国刚实行计划生育政策的时候,当时针对在群众中抵触计划生育政策的情况,县广播局让马金山创作花儿,宣传计划生育政策：

> 我是东乡族老艺人，我拿计划生育上唱两声，没计划
> 以前的唱一哈，一个婆娘七八个娃，她没吃没喝没穿个
> 啥；太阳红了他院子里要，天气阴了他土炕上爬，娘老子
> 拉成些精杆杆①，尕娃们养成些尕猴娃，转眼间到了十七
> 八，要娶媳妇要另家，我看你娘老子多发码②；叫一声呀
> 日③你快来莎，我跟你说两句老实话，要得你家庭富，少
> 生孩子多种树，这就是你该富的好门路；计划生育进万
> 家，一对夫妇一个娃，家家盛开幸福的花。

他说这首花儿他在广播里唱了很多次，由于唱词幽默，很
受人们欢迎。当时各种大型的花儿会很多，除了本地的松鸣
岩花儿会，他经常去参加各个地方的花儿会，比如青海，有一
段时间他经常唱这首花儿。

他还举例说，随着政府的农村政策的落实，调动了广大民
众极大的生产热情，科学技术也广泛地运用到农业生产上，很
多新花儿中就有反映这种情况的劳动歌：

> 黄牛的角叉们弯(呀)疙瘩，黑山羊下下了白眼④；
> 尕雌牛下下的"西(呀)门达⑤"，尕草驴盼下了
> 骡娃。

---

① 河州方言，读"gang ga"，意思是瘦。
② 河州方言，意思是厉害、有钱。
③ 东乡语，朋友的意思。
④ "眼"发音(nia)。
⑤ 河州方言，意思是"很大"。

充满着浓郁劳动气息,每句唱词都反映着一项科技成果,从这里可以看出,农村正在发生的深刻变化。生产的进步,也使人们的生活得到较大改善:

> 三炮台碗子们哗啦啦响,冰糖(嘛)沱茶(哈)泡上;
> 尕日子越过者越(呀)美当,好似像蜂落者花上。

20世纪90年代,特别是90年代中期,政府及文化部门不太重视花儿,政府组织的花儿会规模变小,群众自发性地对歌、漫花儿的人变少,特别是村里成长起来的年轻一代对花儿的热情不是很高,有些人会唱,但不喜欢唱;而有些年轻人则因为外出打工,花儿会的时间多半在外,会唱花儿的人越来越少。这个时期,马金山的"金山腰刀"在当地已经小有名气,销路较好,家里老小的生活也有了一定的保障,只要哪有花儿会,他就去参加,他对花儿的热情不减。但是,围绕着他唱花儿这件事情,他曾经历了几次让他难忘的事件。

二、事件—过程的分析与文化解读:三次冲突事件

第一个事件:是马金山的妻子不会唱花儿,也不赞成他唱,亲戚朋友也反对,马金山说两人还曾为此闹过离婚,但问及马桂英(马金山妻子)老人时,她说当时(二十世纪八九十年代)认为那是"不务正业"。马金山说他平时是一个正直的人,不抽烟、不喝酒、不赌博,但是因为唱花儿的事,大家就认为他宗教信仰不够好,亲戚、朋友都不太尊重他。逐渐受到家里人的尊重和支持,才是这两三年的事。"有了今天的成绩,家里人也理解和支持我唱花儿了。"马金山说。

　　第二个事件：马金山告诉笔者："因为我是东乡族，信仰伊斯兰教，而宗教界对花儿演唱是持否定态度的，所以老人们见了我连色兰①都不接"，可这种情况在 1986 年的时候有了改变。当时村里要修科托清真大寺，大家正在为筹资犯愁时，马金山利用他唱花儿时结识的人士，这里包括一些花儿爱好者，各处的工头，半个月筹集 18 万的资金捐给了寺里，之后三年，马金山在科托清真寺当学董。这个事件以后，大家对他的看法也有了改变，用他的话说："在人们心目中的地位提高了。"

　　第三个事件：在离科托村村口不远处，有一个很大的污染坑，村里所有的生活垃圾几乎都倒在那里。2009 年，马金山四处筹集资金，也是利用唱花儿的人际关系，又为修建清真寺筹集到 25 万资金。这个事件以后，马金山在当地的威望有了很大的提高。他说，"平时村里有民族矛盾大家都相信我"。

　　通过这几个事件的分析，可以看到：

　　一方面，在科托村这个东乡族文化地域，宗教传统与演唱花儿似乎是两个不可调和的事物，因为在伊斯兰教氛围厚重的西北地区，由于历史上回族、东乡族等伊斯兰民族受到清政府的迫害，这种心理上的历史沉淀使得这个地方的穆斯林对那些与非伊斯兰文化的其他民族文化持排斥态度，这一点在西北伊斯兰民族中非常明显。正如弗雷德雷克·巴特的族界理论认为，"族界并不是人们相互之间为了区分而产生，恰是

_____

　　①　穆斯林相互见面时的问候语。

为了交往而产生。"①我们知道，花儿追溯其起源与庙会活动相关，所以宗教人士就会认为花儿的文化标记是具有汉文化性质。正如上一段说的东乡族歌手不能用唢呐演奏一样，因为西北伊斯兰民族认为唢呐是汉族婚丧嫁娶时用的乐器，也是具有汉文化的性质。西北伊斯兰民族在与其他非伊斯兰民族交往过程中很强调这种区别性的，所以我们就不难理解为什么村里的宗教人士对于唱花儿是持排斥态度的，更不用说在村子里演唱了。

但是另一方面，为什么在这样一个文化环境相对紧张的穆斯林聚居的村子里，却曾经出现了那么多喜欢和热爱花儿的歌手呢？甚至成为回、汉、东乡、藏、保安、撒拉等多个民族共同拥有的一种文化呢？花儿表现出来的就是一种自然表达人的心迹感情。"花儿"满含着时、地、景、情的抒发，因而，花儿只有纯粹抒情的这一特征。刘斐玟认为"由于咏歌的内在导向（self-orientation）、情感意向，再加上他的俚俗性格（vernacularity, informality, unofficiality）不免诗坛不列，焉绅学士不道，而歌之权愈轻，对社会秩序与意识形态的腐蚀性有限，故可听而不闻，视而不见；其中所表达的情与意也可因歌者之心……愈浅，而避开道德审判。所以得以无声无息地游移在礼法、权利阶序内外。"②笔者觉得这种解释比较有道理，经过"修寺事件"使马金山在宗教人士中得到认同，就充分证明了

---

①　潘蛟：《族群理论》，2007年，内部资料。
②　刘斐玟：《书写与歌咏的交织：女书、女歌与湖南江永妇女的双重视维》，中央研究院民族学研究所，《台湾人类学学刊》2003年6月，第16页。

这一点,宗教传统对花儿的态度经历了一个微妙的转变,这种转变是策略性的,甚至是功利性的。

三、"花儿"传承方式的当代变迁

2006 年年初,因科托村信用合作社迁址,马金山贷款 4.5 万元买下了原合作社办公的几间房屋和院子。同年 4 月 1 日,马金山创办的和政县文联"花儿艺术学校"正式挂牌成立。新创办的学校只有 18 间房子,房屋简陋,桌椅及教学器具缺少,2006 年 9 月,宣传部给他送来 5 张桌子,县文化局制作了校牌,并送来两把二胡,村上的几名热心人士捐赠了 7 把椅子,他用 3500 元自购了 4 把二胡及唢呐等乐器,又用 6500 元为学校自购了煤炭和火炉。终于把"花儿艺术学校"办起来了。

笔者做调查期间,这所学校在校学生 36 人,年龄最大的 16 岁,最小的 6 岁。这些学生除了本地的,还有东乡、广河、康乐、甘南、夏河等地方的,有东乡、回、汉、藏等民族。马金山利用每周双休日和寒、暑假期间教孩子们唱"花儿",学二胡、唢呐、咪咪等民间乐器。马彦虎、马小龙、马英虎等 12 名学生能够唱《河州大令》、《河州二令》等 13 种"花儿"曲令,马云虎、马小蜂等 4 名学生能够演奏二胡、咪咪、唢呐等,每年他带领艺术学校学生义务演出 100 场以上,"给学生教唱花儿不收学生钱的,冬天还要给学生买煤取暖,还给学生买演出服装。演出时不收钱,还要自己掏路费。"学校经费大部分是自筹,他的金山刀子销路很好,平时就拿卖刀子的收入以及夏天在松鸣岩旅游公司当马队队长的工资供学校的日常开支。

除了表演,马金山还带了不少徒弟,最有名气的是马尔洒。他和几个徒弟在松鸣岩花儿会上曾出尽了风头,每次都有四五万群众跟在他们后面,从景区大门到三孔桥之间,人根本没法移动,他们几个人常常应付不过来,忙得甚至连擦汗的时间都没有。

在马金山的学校里,还有一位既是老师也是学生的年轻人马云虎。1986 年出生的马云虎毕业于临夏师范学校音乐专业,主动要求来马金山办的学校工作学习。白天,马云虎给学生们上课,主要把他在师范学校学的音乐知识交给学生们。晚上他当马金山学生,学唱花儿以及唢呐、咪咪、二胡等乐器。

马云虎告诉我,花儿艺术学校里面 5 至 8 岁的学生最多,所以他们平时就教小孩一些热爱生活的花儿,这些儿童都是家长自愿送来的。笔者跟着这些学生听了几堂课,发现这些课跟一般小学上的音乐课很相似,歌词多半是新花儿,比如爱家乡、爱祖国、歌唱新生活之类的,学生排演的节目有时会在六一节的时候给家长们表演,每次花儿艺术学校的学生会出去参加松鸣岩的花儿歌手比赛。比如在笔者观察他们上课的情形时,他们学的这首《啦啦令》:

"六月的和政赛江南,

油菜花开哈的干散呀干散耶;

山川们穿上了黄金缎,

不知是天上嘛人间耶。"

而马云虎的童年和他们又有所不同,他小学二年级的时候就去参加松鸣岩花儿会,那时村里宗教意识依旧很浓,只有宗教意识比较淡的人才去。特别是女孩子 14、15 岁就出嫁了,所以花儿会更不让参加。他家人对他管得不是很严,和他年龄相仿的其他男孩都喜欢唱花儿,有活动就去参加,这样唱着唱着就会唱很多曲令了。

马云虎说,这几年,随着劳务输出越来越多,跟马云虎年龄相仿的男孩很多都出去打工了,"除了七八月农忙时节回来,这些十七八结婚的男孩多半出去打工了。这些人中好多已经不会唱花儿了,花儿会也没有时间参加,唱花儿的人越来越少了。"男孩一般到临夏、兰州、青海等地的饭馆当面匠、菜匠,还有的到新疆摘棉花、糖萝卜,到果洛挖虫草的,平时留在村里的人越来越少。在笔者的调查中发现,科托村劳务输出最早开始于 20 世纪 80 年代初,但那时主要也就是到周边的地区,如和政县城、临夏市打工。从 2000 年开始,村里开始有一定数量的年轻人出去打工,特别是男性。2004 年,当地政府开始组织比较大规模的劳务输出,妇女也开始出去打工,比如到新疆摘棉花,到青海江通建筑工地当工人的。冬天农闲季节,有些人还到山西煤矿。笔者到吊滩乡统计站查到这几年的流动人口情况,发现流动人口数量呈逐年上升趋势。如 2004 年是 103 人,2008 年 312 人。但笔者认为,实际增长人数要比这个数字还要多。

马云虎现在主要在"甘肃和政松鸣岩花儿艺术团"当花儿歌手,这个艺术团是在 2006 年由县政府、县文化局组建的。艺术团主要定位是"宣传和政文化及以松鸣岩和古动物化石博物馆为主的特色旅游资源,开展群众性文艺演出,组织创作,编排融艺术性、观赏性、娱乐性和思想性为一体的歌舞精品,为和政文化的传承和发展作出贡献。"他们主要活动就是在夏天旅游旺季的时候站在松鸣岩门口唱花儿。还有就是在县文化局的安排下,接待各处来此地旅游的领导及客人。马云虎主要唱原生态的花儿为主,他认为原生态花儿就是"野花儿,方言味道浓,具有地方特色"。

我们知道,花儿的口传形式有两种:一种是花儿歌手之间的口传;另外一种是以歌传情的情人间的口传方式。花儿歌手之间的交流与传递主要有三种途径:一是劳动中的花儿口传;二是花儿会上的花儿口传;三是平日歌手们的互访交流和民间的闲聊口传。从马金山到马云虎,再到花儿艺术学校的学生这三代人的时代变迁,我们已经很难说,花儿的传习是按传统方式进行的,我们可以从上文中看到,人口的流动,文化之间的相互交流,尤其是现代文化的诸多元素对人们审美、娱乐以及生活方式的影响,加速了植根于半农半牧地区的草根文化的花儿文化的变迁。

四、作为"非物质文化传承人"的民间歌手

2008 年 2 月 28 日,对马金山这位普通的民间老艺人来说,这一天是个难忘的日子。他到北京人民大会堂参加了文化部为全国 226 名文化传承人的命名授牌仪式。他作为甘肃省三名代表之一获得了国家第二批"国家级非物质文化代表性传承人"的称号。马金山告诉笔者,"作为一个农民,一个

唱花儿的人，从来没有想到会去北京，当时感觉很突然，很激动，像做梦一样。"

他说，"以前唱花儿就是为了高兴，但是我现在认为它是一种艺术，""花儿掌握在好人手里就是好东西，下流人手里就是不好的东西"。他说，"以前好多人唱不文明的歌词，所以有些人就认为花儿不好也是有道理的"。笔者进一步问他什么是文明和不文明时，他认为唱太野的情歌就是不文明，他唱的歌颂新生活、改革开放的花儿就是文明的，他说他就是从传承民族文化、艺术的角度歌唱花儿的。笔者问他，他的花儿算不算是原生态时，他说，他的花儿就是"原生态"。

从马占山—马金山自己—马尔洒和儿子那一代人—学生，马金山认为这一条线已传了四代，自己掏腰包办花儿艺术学校也值得，就是为了传承传统文化。现在社会变化太快，许多原生态的东西都丢失了。现在唱花儿和以前有很大的区别。从他记事起，花儿有东乡、南乡、北乡、西乡的区分，每个地方的音调不相同。改革开放后，各个地方的人互相学习、互相唱，味道有了很大的变化，花儿也出现了融合的趋势。

花儿主要是口头传授，要掌握调子，不同人由于对音调的理解不同，在演唱上也是不相同的。一个好的歌手能唱好的调子也就是两三个，最多不超过十个。对有一百多种曲调的河州花儿来说，现在面临的最大问题就是传唱。这也是马金山这位老歌手所担心的："年轻人中间学唱花儿的人现在也是越来越少了"。

这几年随着媒体、学者的关注,以及政府组织活动的增多,近几年每年都要演唱 250 场左右,在松鸣岩时,有游客要求马金山"来一段"他也唱,不一定收费。

作为"文化传承人"的马金山也不是不食人间烟火。这几年被政府、学者、媒体包围的马金山也有苦衷,那就是资金。松鸣岩被中国民协授予"花儿传承基地"以后,国家每年投入 10 万元资金。但是马金山的花儿艺术学校资金却全靠他个人承担,这在经济上给他造成了较重的负担。当笔者到当地文化部门调查这笔资金的使用情况时,文化部门说这笔资金是很有限的,主要用于举办花儿会,搜集花儿文本、录像等。实际上,文化遗产保护的资金奇缺,每年举办花儿会就要几百万资金,这些资金都要由和政县政府自筹。在经济相对落后的西北,文化遗产保护的资金奇缺的确是个很大的问题。

马金山说,他正在准备出版一本花儿集,这是他多年收集的花儿曲令。完成这个心愿后,他准备年终停办花儿艺术学校,从此结束他的花儿生涯。因为他要到新疆为一个作坊制作金山腰刀,年薪五万。我们不难理解,口传是花儿的根本传承方式,花儿的口传形式始终代表着个人的表达方式和行事规则,花儿的口传在不同人群中的信息传达,有着不同的价值趋向和延展意义,当传唱花儿的主体正在弱化时,其发展和存在也就受到严重限制。

第四节　"花儿"的文化场与
　　　　地方社会文化变迁

一、作为文化场的"花儿会"

从人类学角度对花儿会的研究,并不是很多。美国哈佛大学教授赵如兰(Kathrynlowry)博士,其撰写的学术论文《莲花山花儿会:关于表演环境的研究》,运用鲍曼等人的"表演理论"对歌唱者与听众之间的微妙关系进行了深入的分析。美国印第安纳大学民俗研究所的苏独玉(Mary Clare(SUE) Tuchy)教授,以《中国传统文化的纵想——论"花儿"、花儿会和"花儿"的学术研究》①为博士论文,主要对"花儿"歌曲、演唱"花儿"的节日及对其整套程序——如涉及中国传统的一些象征或一些关系所作的研究。

作为花儿传唱的文化场也促成了甘、青两省数百个花儿会场。作为"中国花儿传承基地"的和政县松鸣岩是河湟地区最大的花儿会场,松鸣岩是河州花儿最典型最有代表性的"载体"或传承地。在这里,人们把花儿的演唱会场统称为"唱山"或"山场",把参加花儿会叫"浪山场"。据当地人讲,每年花儿会举办时,会场遍布帐房,男女中能歌者即歌唱,其

① Mary Clare(SUE)Tuchy(苏独玉):《中国传统文化的纵想:论"花儿"、花儿会和"花儿"的学术研究》,美国印第安纳大学博士论文。

曲自然,耐人听闻,曲调以豪放、抒情见长。松鸣岩花儿会参加者主要是来自和政、广河、康乐、东乡、临夏、临洮、夏河、卓尼等地的各族群众。"羌笛遥传边曲古,十万游人唱牡丹"。从古到今,每个花儿会上都是人头攒动,整个会场则是歌的海洋、人的海洋,每次花儿节会都是一次民歌的大检阅、民众情感的大宣泄、也是花儿的大展示。

松鸣岩花儿会,是甘肃省一年中最先举行的大型花儿会,会期在每年农历四月二十六日至二十九日之间,四月二十八日是正会,是高潮,故称"四月八"。在此期间,松鸣岩佛寺里举行盛大的龙华会,亦称"浴佛节",是纪念释伽牟尼诞生的节日,僧侣们诵经祭祖,汉藏等群众烧香许愿,同时八方游客及众多的各民族歌手云集在松鸣岩下,唱牡丹、漫花儿。松鸣岩花儿会上除了演唱各种河州令外,更钟爱各种牡丹令,比如"白牡丹令"、"二牡丹令"、"蓝牡丹令"、"牡丹月里来"等。演唱地点或在山坡、或在草坪、或在山口、或在林中;演唱形式有独唱、齐唱、对唱。花儿原本是没有伴奏的"徒歌",可在松鸣岩花儿会上,常常可以看到有人吹着咪咪,有人吹着琐呐,有人拉着三弦子,有人拉着二胡,或给花儿歌手伴奏,或独奏着花儿曲调。

和政是河州花儿的"南乡大本营",是河州花儿的发祥地。关于松鸣岩花儿会的形成,目前有两种认识:一种是文献记载,一种是神话传说。

明代万历年间诗人高洪就有"青柳垂丝夹野塘,农夫村女锄田忙;轻鞭一挥芳径去,漫闻花儿断续长"的诗句,说明和政松鸣岩花儿在明代就已盛行。明代《河州志》写道："松鸣岩灵揪,州南百里;花草芬芳,有泉号灵揪,岁旱祷雨辄应"。松鸣岩的寺庙建筑是相当宏伟的,当地老人曾见到明洪武年号的石碑。《和政县志》①记载有:"创始于明朝成化年间,有玉皇阁、菩萨大殿、圣母宫、西方顶、南无台,各栋宇然,皆在石岩之上,岩北有土坡一支,都岗寺在焉,每年4月26、27、28、29日,开龙华大会,朝拜者累千巨万,香火甚盛"。特别是通往峰顶、庙宇的路径,多以天桥、石梯等为通道;背椅石岩,悬空凸起的菩萨大殿、柱横山腰,巧夺天工。几百年来,不少游人骚客,都倾倒在松鸣岩的俊美景色之中,留下了许多赞叹的诗文。清朝进士张和作的《松岩叠萃》对此记载:"叠障层峦看不明,万松积翠锁峥嵘,楼台偶露林间影,风雨时听树杪声,羌笛遥传边曲古,雪山寒接暮云横,登临应有孙登啸,半岭斜阳鸾凤鸣。"咏出了松鸣岩的雄姿。其中"羌笛遥传边曲古"一句,既点明了人们吹"咪咪"的情形,也道破了花儿和羌笛悠久的历史。清朝庠生祁奎元在他作的《松鸣岩古风》中写有:"老僧新开裕佛会,八千游女唱牡丹"的诗句。可见当时松鸣岩龙华会和花儿会的盛况,这也是目前花儿会见诸文字较早的记载②。

　　关于松鸣岩花儿会的传说有三种说法,有意思的是,笔者

---

　①　(明)嘉靖《河州志》,甘肃省图书馆藏抄本。

　②　柯扬:《花儿溯源》,见《花儿论集》,甘肃人民出版社1983年版,第98页。

在调查过程中收集到报道人讲述的神话故事和许多写花儿会起源的书上记载,这是不是文本的知识对报道人有所影响,笔者也无从查起,这不禁让笔者感概人类学者在田野工作中面临的尴尬了。这种起源神话,包括三种说法:

一是相传明代河州都督刘昭巡山游猎松鸣岩,遇仙于此,学得仙曲花儿,遂自捐奉银,修建庙宇,并于遇仙之日(即农历四月二十八日)传唱仙歌,形成花儿会。

二是相传很早以前,一位青年猎人到松鸣岩打猎,忽遇一位姑娘正在唱歌,歌声非常好听,猎人偷学得此歌,回去后唱给大家听,人们都说好听。为了纪念这位姑娘,众人在松鸣岩修建菩萨大殿,并在猎人遇见姑娘的那一天——农历四月二十八日齐聚在松鸣岩,模仿姑娘唱起了歌,从此松鸣岩便有了一年一度的唱山会,也就是今天的花儿会。

三是相传天宫龙华圣母的三个女儿金霄、银霄、玉霄因厌倦天宫的生活,私自下界访游名山奇境,来到松鸣岩下,被秀美景色所吸引,恰逢猎人青哥被恶豹所追,命在旦夕,幸被金霄所救,这一天正是农历四月二十八日。为报救命之恩,青哥在众亲友的帮助下在松鸣岩修庙塑神,举办盛大的庆祝会,恰在这时,金霄仙女显灵了,并从天空中传来悠扬的歌声,被众人学得,于是每年农历四月二十八日举行庆祝会,传说中的仙歌即是今天的花儿。后相传金霄仙女留在了松鸣岩,银霄仙女留在了寺沟,玉霄仙女留在了湫池沟,这些美丽的地方均成了和政县著名的花儿会场。

从史料和传说中看出,松鸣岩建寺就有了花儿,说明花儿会在和政出现应该在明代,距今至少已有600年历史了。清朝后期,松鸣岩寺庙建筑屡遭破坏,但唱花儿习俗至今流传了下来,每年会期,"会场遍布帐房,能歌者即歌唱野曲,其曲自然、天籁、耐人听闻,曲中有二牡丹、阿拉连、尕连手、花儿阿姐等调"。[①]

二、1950年以来"花儿会"的历史变迁

花儿会是新中国成立以后的新名词,在此之前叫"庙会"、"唱山"、"山场"。因为开始的"山场"、"唱山"全都依托寺庙的庙会,去庙会唱花儿叫"朝山"。从传统上讲,松鸣岩花儿会是民间自发组织并进行演唱的传统活动。各民族花儿歌手一起演唱、切磋,花儿唱词也随之相互交流,使松鸣岩花儿曲令日益丰富;这时的花儿会自然就以较著名的花儿歌手为中心,形成了大大小小的演唱群体。

笔者先走访了村里的一些老人,请他们回忆起1950年以后的花儿会的情形:1950年新中国成立以后,松鸣岩花儿会空前活跃起来,这时的民众用花儿来歌唱共产党,歌唱社会主义,歌唱幸福生活,形成了"人人唱花儿,家家浪山场的局面"。在科托村里,每逢四月二十六日,人们就背上吃的馍馍,陆续上山,住在山上,到第四天才恋恋不舍地下山。"汉族就到山上烧香拜佛,求子求孙","山下歌手们互相竞唱、对唱,有上百帮人。"1958年,松鸣岩花儿会被视为"四旧"予以

---

① 《和政县志》:兰州大学出版社1995年版,第197页。

禁止。1960年代,随着党的一系列符合农村实际的政策措施的出台,松鸣岩山场开禁,到1963年再一次掀起大唱花儿的高潮,花儿会相当热闹,到"四月八",喜爱花儿的汉、回、东乡、保安、藏等民族歌手和群众都来参加。1966年文化大革命开始后,"四人帮"又把松鸣岩花儿会当做"封、资、修"的黑货大张挞伐,言令禁止"朝山",不准群众上山唱花儿,松鸣岩寺庙建筑屡遭破坏,出现了一次大规模的"封山禁歌"。

1979年,松鸣岩花儿会恢复,每年由政府部门组织、引导,松鸣岩花儿会进入繁荣时期,花儿会人山人海,盛况空前,每次来赴会的人,有十几万人之多,范围之广,规模之大,令人惊叹。村里人说,"那时几乎人人会唱花儿,不少人自编自唱,那时花儿会快到之前,人们就陆续上山,去朝歌,去赏花儿、唱花儿,山坡、路旁到处是悠扬的歌声,两人一对,四人一伙,聚集在山头、树下、河旁、林间,放声歌唱。有倾吐爱情的,有诉苦的。"按他们当时的话说,"浪一趟花儿会,能使老汉变少年,浪一场花儿会,能使心灵的烦闷云消雾散"。也就是在20世纪80年代,政府多次利用花儿会举办"物资交流会",并增加了武术表演、赛马、电视录像放映、科技知识宣传、文艺演出活动。

20世纪90年代,花儿会继续由政府组织,但文化部门不太重视,花儿会规模逐渐变小。

2000年以来,和政开始大打"松鸣岩花儿会"的旅游牌。传统的花儿会中民众的表演非常单纯,就是自娱自乐。但是官方的运作却要复杂得多,分派政府工作人员分管花儿会活动、调派警力维持治安,摆设竞歌的舞台,邀请演员表演大型的晚会,与花儿会活动构成气氛上的呼应。这一切都使花儿会活动不再体现为纯粹的民俗文化活动,而成为了以政府干预行为来贯穿整个事件的"国家对民间活动的征用"。为了促进当地旅游业的发展,当地政府对景区的基础设施进行大力改造。中国民协还于2004年授予和政县为"中国花儿传承基地"。2006年国务院将"松鸣岩花儿会"公布为首批国家级非物质文化遗产保护名录。特别是2005年和政县举办了"中国西部花儿(民歌)歌手邀请赛"和"金色和政油菜花儿节",2006年举办了由云南、新疆、西藏等十省区参加的"中国西部花儿(民歌)歌手邀请赛",2007年举办了"松鸣岩原生态花儿大奖赛"。

三、文化再生产领域的"花儿"

2006年,笔者去松鸣岩参加了花儿会。2008年,当笔者想第二次参与花儿会时,却意外地得知由于2008年北京奥运会的举行,"出于安全考虑,取消了这一年举行的花儿会"。所以笔者对这部分的论述主要是对2006年松鸣岩花儿会的调查。除了现场参与观察外,笔者在2008年第二次去田野点时,还走访了当地政府办、文化局、宣传部、旅游局、文化馆、招商局、统计局等相关机构,以便对花儿会的组织结构等各个方面有一个更加全面的认识。

"花儿会上花儿稀",这是笔者对2006年花儿会最直观的印象。笔者在2006年参与当年的花儿会时发现,花儿主要是那些来参赛的专业歌手在唱,普通的民众只是以观众或旅游者的身份来参与花儿会,群众自发对唱不多见了,那种彻夜唱歌的习俗也早以消失。而且传统的花儿乐器也不参与比赛。一位艺人告诉笔者:"这种比赛说是原生态花儿比赛,但组织比赛的领导并不是很懂花儿,演唱的花儿曲令也不够丰富,音乐、小调都不入赛,有些人唱的并不是'原生态',但只要嗓子好就能评奖。"

笔者也的确发现了这种情况,下面我们来看一下 2006 年松鸣岩花儿会的组织结构及整个流程。花儿会是由县政府、旅游局、文化局承办,花儿会主要内容包括:"花儿比赛、文艺演出、商品展销、旅游观光、项目签约、松鸣岩 AAAA 级旅游区授牌仪式"。首先是当地文化局负责人念旅游推介词;其次是其"中国西部花儿(民歌)歌手邀请赛"开始,这些歌手都是经过评委(花儿音乐人、花儿学者、政府官员组成)经过初选再进入复赛的。花儿歌手参赛的词令在比赛之前要经过相关组织部门的审查。以下几首就是参赛的花儿,举例如下:

梧桐令《白牡丹开了十八层》

　　白牡丹开了十八层,清水往哪里放里?

　　黄金买不哈生死簿,维人要维好心肠的里。

三闪令《好日子还在后头》

　　圆不过月亮方不过斗,花不过彩色的绣球。

　　跟上共产党向前走,好日子还在那后头!

《兰州的铁桥上过来了》

　　兰州的铁桥上过来了,水里的鱼娃哈见了。

不见的朋友哈看见了,心上的疙瘩们散了。

水红花令《尕马骑上枪背上》

　　尕马骑上枪背上,朝树林放给了两枪。

　　尕妹是花儿着摘不上,难心者哭给了两场。

　　四川上来的好走马,你看这马的走法,

　　尕妹是石崖上的闪丹花,全凭阿哥的摘法。

尕马儿令《我来是只为了你了》

　　上去一山又一山,大山的崖豁里过来了,

　　二道吧一道的楞坎,半路上着了些雨了,

　　浑身的尘土一脸的汗,千里的大路上我来了。

　　小阿哥来哈的路远,我来着只为了你了。

　　可以看出,参赛的花儿中新花儿和传统花儿各占一半。参会人员除了周边的普通群众以外,还有研究花儿的一些学者、媒体以及政府官员,当然更多的是来此地旅游的外地人。物资交流会规模不是太大,有卖清真小吃的,比如麻花、馓子、馃馃、酿皮;有卖旅游纪念品的,如松鸣岩风景扑克牌、金山刀子、编制的工艺品等;有针对外地游客的一些商品展销会,如农产品(大豆、苞谷、洋芋),当地民营企业生产的饮料、酒品等。科托村的村民们有的也会做些小吃上山卖。项目签约是当地通过举办花儿演唱会来做的招商引资洽谈会。按照当地一位政府官员的说法,花儿会的功能就是"让花儿文化为旅游业造势,增强吸引力,达到宣传和扩大和政知名度的目的"。至此,花儿也变成了一个重要的旅游资源,政府倡导发扬广大花儿艺术,把花儿作为临夏的一张名片。

在传统社会中,花儿文化的传承有其一成不变的模式和规律,代际之间通过一系列的仪式和风俗活动,以口耳相传的模式把生存方式、生活经验、情感体验、伦理价值传承给子孙。子孙们在年复一年的仪式活动中,在绵绵不断的歌声中,不知不觉地、耳濡目染中接受了民间的传统文化。这一不断循环的传承模式由于形式上的相对稳定性,保证了所传承文化在内容上的完整性和连续性。这也是传统文化具有顽强的生命力之所在。由于社会环境的相对稳定,外来文化的缓慢渗进,花儿文化的变化过程亦是不知不觉的。从花儿会的变迁的轨迹中我们不难发现,在传统社会,由于社会环境的相对稳定,花儿文化的变迁是在一种无意识状态下进行的自发的自我调整,以适应社会发展的整体趋势。这种变迁从整体上看是缓慢的,从影响上说没有超出本族群、本地区的范围。然而在新的社会环境下,旅游、商业化、外来文化的强烈冲击和多种因素共同作用,推动了花儿文化的迅速变迁。

四、地方官员眼中的"花儿"

基于政府部门对花儿及其相关活动的重要引领作用,在走访了相关部门以后,笔者对当地州文化局的官员 Y 进行了个案访谈,期望从中了解当地政府的政策动向以及相关文化遗产保护的行为。

Y 告诉笔者,临夏是花儿之乡,其他七八个省区的花儿是临夏花儿的衍生。青海要抢临夏花儿的品牌,其实青海那几个县以前在行政区划上属于河州,所以临夏是名副其实的花儿之乡,各地为了让花儿打旅游牌,即"文化搭台,经济唱戏",出现抢牌的现象,中国民协花儿委员会在临夏的设立确立了临夏是"花儿之乡"的地位。

他说,早在1982年,和政县先后编辑出版了《甘肃省和政民间歌曲集》、《宁采河花儿缀集》、《松鸣岩花儿曲令集》、《和政民歌选编23首》等书籍以及《松鸣花儿》、《玉芝情歌》等VCD光盘。选拔优秀歌手,组建了和政县松鸣花儿艺术团。政府还每年支付一定的经费举办松鸣岩花儿会,而且县委、县政府贯彻甘肃省文化厅关于实施甘肃省民族民间文化保护工程方案,制定了花儿传承保护发掘实施方案。

他说,"这个五年保护计划把对有重大影响的代表性传承人的保护放在第一位,同时,注重加强对传承人(继承人)及青少年的学习和培养。"他们的目标就是要在全县干部群众中掀起学习花儿、传唱花儿的热潮,并将花儿纳入全县文化产业发展的格局之中,把花儿引进中小学课堂教学之中,确保"中国花儿传承基地"后继有人。当然,政府还会对松鸣岩花儿会相关的传承人、曲令、曲调等艺术表现形式进行普查,通过搜集、分类、编目等方式,建立完整的档案。

他认为,"开发花儿民俗旅游一方面要保持花儿的原创性特征来开发花儿,另一方面是创新发展临夏花儿。""原生性花儿民俗旅游主要是能够让人们了解文化遗产的本来或原始面貌,满足人们对文化的'本性追求';另一方面为了能够使更多的人认识花儿,就要培训演唱队伍,使花儿的演唱从田野走向城市,从山林走向舞台,面向更多的观众。虽然用这种方法展示的只是花儿歌曲本身,并不是'花儿'这种民俗活动本身,但是,将花儿进行'异地移植',有利于民俗文化更广泛地为人们所认识。"

这几年临夏地区出现了许多花儿歌手出唱片的现象,这些花儿唱片在市场上比较受欢迎。"除了政府部门出的光盘外,许多唱片因为是个人行为,即只要出资就可以出唱片,唱片市场上的花儿良莠不齐",他说,"这里面既有未经艺术化,以传统唱腔演唱的'原生态'花儿,也有一些新唱法,还比如何庆祥唱腔,完全是以普通话演唱的,结合一些现代元素,年轻人就比较喜欢。"比如,这几年比较流行的花儿歌手如张佩兰、马永华、何庆祥、马玉芝等参加了全国民歌艺术节等大型演唱活动,制作发行了《临夏花儿》、《马五哥与尕豆妹》等主题录音带、系列 CD、VCD 光盘,政府还在互联网上开通国内首家花儿网站。临夏还研究创立了以花儿音乐、唱词为基调,载歌载舞的花儿舞台艺术"花儿剧",比如《花海雪冤》、《牡丹月里来》、《雪原情》、《春暖》等剧目,政府计划以后让临夏州歌舞团每年都创作一部"花儿剧"。

如何理解旅游与文化之间的关系,不是一个简单的问题。根据西方旅游人类学家的观点,旅游文化主要是指一种过程,在这一过程中,旅游操作者生产或发明和有目的地制造某种文化产品,以此来吸引游客。美国人类学家克瑞克(Craik)认为有两种策略,①一种就是为旅游和游客而制作文化,另一种

---

① 张晓萍:《文化旅游资源的人类学透视》,《思想战线》2002 年第 1 期。

是为文化而制作旅游和游客。前者指的是发展和制造特殊的产品,如旅游艺术品等,而后者却刚好相反,指的是改变原旅游吸引物以及潜在的旅游目的地,以体现和加强其文化特征。换句话说,人们为迎合游客而制作发明或改变文化及其内涵,这一过程就叫做旅游文化。然而就在这一过程中,有些问题往往容易产生,如文化真实性问题(authenticity),文化涵化问题(acculturation),文化商品化问题(commoditization),文化传统的再创造和再发明问题,文化的变异性等等问题,这些都是文化人类学家最关心的问题。正如美国加州大学著名社会学家马康耐(Mac Cannell Dean)指出的那样,旅游业担任了现代产品的角色,因为它包括了一种"现代的生活观点",而这些现代又与传统、与文化真实性有紧密联系。因为现代旅游者在旅游中试图寻求所谓"传统和真实"的东西,可是他们所发现的往往都是些再造的"传统"和舞台上的"真实",这种困境常常出现在旅游业的发展过程中。笔者认为,像在花儿会这样的场合进行的在舞台上花儿表演、歌手比赛,缺乏民众——花儿文化的主体的真正参与,他们最清楚什么是本民族真实的、最有价值的部分,他们只是作为观众的参与,这种丧失了花儿的文化情境的花儿会,对于当地文化的传承是极为不利的。

笔者在研究中发现,花儿的形成、发展与演变,与族群所处的独特的生存环境以及人口迁移、经济开发、民族融合等历史因素有着密切的关联,可以说,花儿是在特定的社会历史条件下和特定的文化背景下生成并发展起来的。它的功能不仅具有满足村民的心理需要,还有娱乐、文化认同、心理安慰等完整的多功能体系。而且其仪式活动还具有很强的村落社会组织功能,因而成为乡民自由表达意志的一个渠道,成为村落生活的有机组成部分。

马林诺夫斯基说,民族学不是处于一种悲剧的位置,便是处于一个荒诞的景况中。当我们开始把这门学科的车间安排就绪,当我们去为它锻造合适的工具,当我们开始为约定自己任务做好准备的工作,其研究的材料就已经以令人无望的速度迅捷地融化了。恰是现在,当科学的田野民族学方法和目标初具形态,当人们在受过全面田野工作的训练之后开始到野蛮社会中去研究他们的居民,这些东西就从我们的眼皮子底下消失了。他的这段话,正是反映了中国民族最集中、文化最具多样性的西部地区文化资源所面临的现状。

第六章 "原生态文化"的本真性、味觉与社会变异

通过上一章的田野个案,我们注意到,"原生态"这个词无论在民众还是在地方官员中,都是一个频繁提起的词汇,本章的内容将集中围绕这个名词展开。在有关非物质文化遗产的论述中,"原生态"是一个新近出现且使用频率颇高的一个词汇。笔者在谷歌和百度进行简单搜索之后,竟然发现涉及这个词汇的条目达400多万。"百度百科"还给出了这样的解释:"原生态,一个新生的文化名词,最近广泛的流传在各种媒体之间。它可以定义为:没有被特殊雕琢,存在于民间原始的、散发着乡土气息的表演形态,它包含着原生态唱法、原生态舞蹈、原生态歌手、原生态大写意山水画等新说法"。①

---

① http://baike.baidu.com/view/105755.htm. 2010 年 5 月 11 日访问。

第一节　"原生态文化"的概念

一、"原生态"概念的最早使用

这个词汇的最早使用目前并没有一致的意见,一般认为是文化创意产业兴起以后,媒体在评价张艺谋《印象——刘三姐》时使用了这个词汇。那个时候,张艺谋以桂林的真山真水为舞台,让当地的农民尽情欢歌漫舞,原生态艺术表演就这样被人们所发现。杨丽萍和她的《云南印象》则把云南当地人日常生活中的舞蹈搬上了都市的舞台,被称为"原生态表演",其在电视传媒的带动下,一时成为"都市消费时尚"。其实,类似的文化展演可以追溯到更早的时期,早在1998年中国民族博物馆的韦荣慧就提出了"原生态民族服饰展演"的概念,而且从1999年开始一直作为国家对外宣传项目,名称《多彩中华》,目前已经在世界50多个国家和地区进行展演。① 在"第十二届CCTV全国青年歌手电视大奖赛"中,出现了"原生态唱法",其与美声、通俗、民族唱法等并列,取得同等席位,说明这个词汇已经取得了很高的共识。随着"原生态唱法"的提出,原生态一词也逐渐获得认同。

在学术界,比较早使用这个词汇的是中央美术学院的乔

① 参见张永发:《中国民族博物馆发展战略的思考》,《中国民族博物馆研究》2007年第3期。

晓光先生,在其专著《活态文化》中,他使用了"原生态民间文化"一词,并进行阐释。当然,他当时的重点是阐述"活态文化",①从那时起,原生态才正式发芽了。而央视"春晚"阿宝的出现,算真正使"原生态"有了正式的名分,结出了褒贬不一的酸甜苦涩的果实。原来被一些所谓的专家所不齿的"下里巴人",散发出了强大的魅力。纯朴的吟诵以一种朴实艺术的新形态走向了舞台,逐渐被人们所接受。

当我们将"原生态"作为一个严谨的学术语汇加以使用,甚至提出"原生态保护"、"原生态传承"等概念,将其列入正式遗产保护行政法规用以指导音乐类非物质文化遗产保护时,一些由于概念认识模糊而产生的保护工作中的一系列问题,便不能不引起人们的注意了。从字面含义看,所谓"原生态"即"事物原有的生存状态"之意。它不仅单纯指代传统文化项目本身,更包括与之相关的自然、社会、人文等生存环境,是多种文化因素的有机综合。例如,对于一首"原生态"民歌而言,其内涵除了原汁原味的演唱方法、表演方式、音乐进行等外,更包含与民歌生存相关的特定生活方式,是对该民歌及其特定文化生态环境的总称。从这个意义上讲,为媒体所广泛宣传的"原生态歌舞",实际上并非真正的原生态,充其量不过是将某些传统音乐素材直接加以吸收的再创作。另一方面,所谓的"原生态"保护,也是一个内涵与外延都相当模糊的概念。

---

① 乔晓光:《活态文化——中国非物质文化遗产初探》,山西人民出版社2004年版。

二、学界对原生态概念的不同指认

学界对这个概念的认知主要集中在三种观点。观点一认为,"原生态文化"是借用自然科学中生态学的概念,把地方族群的原生文化与"生态"结合在一起探讨,这是一种新颖的理论视角。[①] 20 世纪 60 年代,"文化生态学"概念作为人类学的分支学科理论第一次在美国提出,它通过强调人类文化的独特性来研究人类文化与自然生态系统之间的耦合运行关系[②]。其理论目标是寻找不同族群在这种互动上的某种稳定关系、可持续的动力和由此构筑的地方性知识。我国学者杨庭硕等引用"文化生态学"的理论对时下时髦的"原生态文化"概念进行解析,把"原生态文化"指认为是在"文化生态学"中以"人类文化与自然生态系统耦合运行关系"为内容的理论概括,从而"原生态文化"延伸为"文化生态学"的概念。从观点一可以看出,"原生态文化"这一概念的提出是生态学与文化人类学"联姻"的产物,表达某一部分学者群试图以自然科学概念解释人文现象的一种研究尝试。例如,有的学者在将"原生态文化"译成英文过程中就出现了"Aboriginal Ecological Culture"这样的词条,这明显地将"原生态文化"等同于"生态文化",认为"原生态文化本身是指本土的生态文

---

① 参见曾羽、麻勇恒:《基于"生态稀缺"的思考》,《原生态民族文化学刊》2009 年第 3 期。

② 参见刘宗碧:《"原生态文化"问题及其研究的理论辨析》,《原生态民族文化学刊》2009 年第 3 期。

化,而不是其他"①。从而忽略了"原生态文化"作为一个概念的提出,"文化"在其中的"关键"地位。观点二认为,原生态文化自然科学可以定义,而人文科学则难以定义。"原生态"是自然科学的概念,不能用以解释人类社会的机制②。观点二显然已经看到了"原生态文化"作为一个学术概念提出的潜在模糊性以及盲目借用生态学概念解释文化现象可能面临的逻辑风险。观点三认为,"原生态文化这一概念,完全是他者的视角,是一种在比较中对一些文化生存状态进行描述的视角,因此不能仅仅从字面上将原生态文化理解为'原生态+民族文化',更不能将其理解为'原始的原初的民族文化'"。③

三、"原生态"概念产生的几种缘由

至于什么是"少数民族原生态文化"?目前也流行三种观点。观点一认为,"少数民族原生态文化等同于少数民族传统文化,就是指原创性未遭到破坏的,若不及时加以抢救和保护就会消失的文化"④。很显然,观点一将"少数民族原生态文化"模糊地等同于少数民族传统文化,并潜含着将"原生态文化"视为没有应对环境嬗变能力的弱势文化的假定。但

---

① 杨庭硕:《原生态文化疏证》,《原生态民族文化学刊》2009 年第 1 期。

② 参见金少萍:《"中西部山区民族原生态文化学术研讨会"综述》,《思想战线》2004 年第 6 期。

③ 索晓霞:《原生态民族文化二题》,《原生态民族文化学刊》2009 年第 1 期。

④ 金少萍:《"中西部山区民族原生态文化学术研讨会"综述》,《思想战线》2004 年第 6 期。

却指出了界定"原生态文化"最重要的指标之一,即文化的原生性(原创性)特征。换言之,"原生态文化"首先必须是"原生文化"。观点二认为,少数民族原生态文化是从生态学引入的概念,在解释人文科学层面上不太准确,而少数民族传统文化的概念包容更宽大些。观点三则认为,缘于"历史上形成的文化的原初状态"意义上的"民族原生态文化"是不存在的。因为当今现代化的触角已经延伸到世界的每一个角落,所谓的少数民族文化的"原生态"只具有相对意义。那种原始的真实,早已被时间的淘洗和人们的选择湮没在历史的尘埃之中,既不能复制,也无需去复制①。很明显,观点二和观点三都认识到了"原生态文化"概念的内涵的模糊性,但给予的解释却不相同。具体地讲,观点二认为"原生态文化"概念内涵的矛盾与模糊性是基于盲目引入生态学的概念用以解释文化所致;而观点三则认为,基于"全球化"与"现代化"向村落社区的延伸,"民族原生态文化"已经受到了强烈的消解与侵蚀,因而客观地讲,"原生态文化"已经失却其完整存在的空间。

第二节　"原生态文化"的社会变异

"原生态文化"不是传统概念,而是一个现代概念,是在

---

① 参见熊宗仁:《黔东南州生态文化旅游中两极维度的探讨》,《原生态民族文化学刊》2009 年第 1 期。

现代生产条件下对待传统文化形成的新态度和人们进行再生
产的概念。"原生态文化"在本质上是一种适应人的发展需
要的文化重构活动现象。① 现在有的人把"原生态文化"问题
简单地当做是传统文化的"原生性"寻求和"原汁原味"的保
护,即当做是某种"对象"的保存并提出相应的措施,这是错
误的,偏离了问题的实质。其实,文化保护的行为本身就是一
种实践活动,它包括了一种关系,即当代人与传统文化作为客
体之间的关系,当代人要去"保护"那些传统文化,并不是让
那些传统文化一成不变地定格在历史的某一刻而固定化。实
际上,保护是为了传承,传承就是要把它当做当下需要的生活
方式本身。然而,当代传统文化被当做"原生态文化"来保
护、传承,它归结为人的自我生产去理解,它又是有时代性的,
即它具有社会转型的特殊规定,而不能单纯地理解为是为了
对象的保护而保护。目前"原生态文化"的重构和大众化消费
形式,表明了它是以市场经济体制来进行的,"原生态文化"在
一定意义上,它又是传统文化要素的商品化概念。而它的"商
品化"意蕴正是体现了在新的条件下适应人们发展需要的这一
性质。市场经济是一种分工性的生产活动,一切生产是基于他
人需要为前提的。"原生态文化"的大众化消费,一方面,它满
足于追求异质文化感受的人们的需要;另一方面"原生态文化"
通过他人的消费时就是"生产"负载"原生态文化"的主体人

---

① 刘宗碧:《"原生态文化"问题及其研究的理论辨析》,《原生态民族文
化学刊》2009 年第 3 期。

们,即"原生态文化"的主体人们通过与他人的劳动交换来生产
(发展)自己。而就"原生态文化"概念的"建构"看,从结果去
理解,我们所言及的"原生态文化"现象,在内容上它并不是现
在才有的,而是古已有之。但为什么现代才称之为"原生态文
化"呢? 这是因为"原生态文化"是一个比较性概念,一个相
较近现代文化而言及传统的概念。为强调这种"差异"而赋
予"原生态"的性质,是在市场经济背景下重新"生产"和"消
费"传统文化的方式,是追求商品价值的产品性能的构造。

　　从文化再生产理论来看,对"原生态文化"是持否定立场
的。文化再生产理论反对那种所谓的"原汁原味"的实证主
义研究路线,认为根本不存在"不变"的文化样式;也不同于
"文化生态学"单纯的"人类文化与自然生态系统运行耦合的
关系"揭示。认为所谓"原生态文化"不过是在当前社会转型
中新一轮的文化再生产的现象而已,"原生态文化"这一概念
是关于这种再生产的概括,是传统的民族文化的现代化现象,
表达了传统民族民间文化跳离旧樊篱,走向现代性又区别于
既有的现代文化的一种相对规定,它是在这种再生产的"区
别"中形成的一个"关系性"概念,是一个基于现代化趋向而
对民族民间文化再生产进行概述的理论。然而,关于"文化
再生产理论",我国学界又有不同的论点。其中,刘晓春教授
的观点最具代表性①,认为,"在全球化时代,当民俗文化的地

----

　　① 刘晓春:《谁的原生态,为何本真性——非物质文化遗产语境下的原生
态现象分析》,《学术研究》2008 年第 2 期。

方性、多样性意义被挖掘、被发明出来的时候,民俗被转换成
非物质文化遗产,也凸显了它的文化政治意义。民俗学学术
传统中关于本真性的学术论辩,在非物质文化遗产保护的文
化行政中,逐渐转化成为如何真实地展示地方文化,因为民俗
已经不再是边缘族群或下层民众传承的落后的、非理性的、荒
诞不经的文化,而是地方的遗产、民族—国家的遗产,具有不
可估量的政治、经济、文化价值。挖掘、展示真实的、独特的、
唯一的民俗文化,将其转化成为非物质文化遗产,成为地方政
府、学者不遗余力的追求。正是在这一背景下,'原生态'一
词因为媒体的介入而逐渐深入人心,成为大众想象的本真的
非物质文化遗产的代名词。由于非物质文化的遗产价值,非
物质文化衍生出了文化政治意义,在全球化背景下的非物质
文化遗产保护运动中,民俗学起源时期的浪漫的民族主义
(Romantic nationalism)观念又得以发扬光大。"①"长期以来,
人们逐渐遗忘或者抛弃民俗文化,因为它们是以现代化的对
立面出现的,是'落后'的文化,当民俗以非物质文化遗产的
名义重新进入大众的视野,人们却发现,当初被称为民俗的东
西,竟然具有政治、经济、文化价值。大众文化的生产机器正
是在这一背景下借助非物质文化,试图将已经'祛魅'的大众
文化重新'还魅',蒙上一层原始的、本真的、未知的、来自正
在远去的家园逐渐被遗忘的神秘面纱。因此,从本质上说,那

---

① 刘晓春:《谁的原生态,为何本真性——非物质文化遗产语境下的原生
态现象分析》,《学术研究》2008 年第 2 期。

些打着非物质文化遗产的旗号,标榜所谓的'原生态歌舞'、'原生态音乐'、'原生态唱法'、'原生态旅游'等等,都是技术复制时代的文化生产。……如果说技术复制时代艺术品原真性(echtheit)之灵魂的消失,是由于艺术与礼仪的密切关系,艺术品产生的膜拜感消失的话,那么,非物质文化的'遗产化'过程则使非物质文化从其生存的文化环境中脱离出来,进入了一个被生产、被建构的陌生化过程,这一过程使非物质文化越来越远离其日常生活形态的本真样貌"①。

　　显然,刘晓春的论述是把"原生态文化"问题归结为一种"文化的再生产"去理解的。他认为"在全球化的面前,地方的人们开始认识、理解本土的文化,并且意识到本土文化的重要性。……然而,必然认识到并保持警觉的是,地方在发掘生态文化的时候,不仅仅只是在展示,同时也是在表述,是为了使他们所构想的认同能够被更大的世界所承认。在这一文化创造的过程中,问题的关键在于空间是为他人生产自我,还是为自己生产自我。遗憾的是,在当下的原生态文化发掘中,更多地表现为前者。"②"通过原生态神话的建构,从客观上使大众重新认识、理解自己的民族文化,增强了大众的民族文化遗产保护意识,促进了民族文化自觉;另一方面,原生态非物质文化遗产的展示,由于是从日常生活语境中剥离出来的文化

---

①　刘晓春:《谁的原生态,为何本真性——非物质文化遗产语境下的原生态现象分析》,《学术研究》2008 年第 2 期。

②　刘晓春:《谁的原生态,为何本真性——非物质文化遗产语境下的原生态现象分析》,《学术研究》2008 年第 2 期。

展示,不可避免地使大众对非物质文化的本真形态产生误读,这种误读对非物质文化的生存可能产生致命的危害。"①刘晓春把"原生态文化"中的"原真性"追求,当做是一些知识分子制造的一种"神话"而已,认为不存在"原真性"的文化,从而否定这一种文化操作的意义。

笔者认为,文化的这种生产,它在当代是与市场经济的生产方式结合在一起的,从而在一定层面上它往往又是与旅游开发等项目的关联而形成的,进而又以商品形态的方式在不断重构。在市场经济体制中,文化的生产成为一种必然。在这种情况下,文化遗产的保护需要注意什么呢? 人类学者在非物质文化保护领域主张的活态保护观念能够给我们提供更广阔的思路和思考空间。

保护非物质文化遗产,按照通常的理解,是保护一种文化形式最本质的状态,这并非仅仅因为它们存在于遥远的过去,而是应为它们代表着人类历史上的一种记忆,彰显特定区域享有特定文化的人群的文化特质。然而,比如当我们说到"原生态民歌"时,"原生态民歌直接定义为以口头方式传播于特定民族、地域、社区、传统习俗生活中的民间歌唱","原生态歌手"是指在原本的生态环境中成长起来的,没有经过或很少经过现代工业文明或当代信息技术文明浸染的歌手。"②这

① 刘晓春:《谁的原生态,为何本真性——非物质文化遗产语境下的原生态现象分析》,《学术研究》2008 年第 2 期。
② 陈宗花:《当前原生态民歌问题研讨述评》,《郑州大学学报》2007 年第 4 期。

些认识都忽略了一点,就是把文化中的事象单独分开,而没有看到文化是一个系统和整体。

人类学的文化是一个有机联系的整体,所有文化事象都不是孤立存在的。因而,我们在认识和考察每一种文化现象时,都不能脱离该文化传衍地区的历史、自然环境、家庭结构、语言模式、社区结构、政治经济体制、宗教及艺术和服饰风格等等。如果脱离了整体文化生态环境来单独谈论某种文化事象,就不能获得对其内涵的真切理解。如果我们进而将其剥离出去,置于不同的文化场域或使其游离于现实生活之外,也就割断了它与社会生活环境的血肉联系,失去了最为核心的生命力。基于这一认识,在文化市场化过程中,我们对于非物质文化遗产的认识与保护就应遵循整体性的文化原则,从其生存背景出发,有机地看待每一项非物质文化遗产,并从培育有益于它们存续发展的文化生态入手进行可持续保护。但在我们今天的非物质文化遗产保护实践中,将非物质文化遗产或其传承人从其文化生态环境中人为剥离的做法还是层出不穷,这种做法有时甚至还成为地方政府所宣扬的保护政绩。例如,笔者在甘肃和政县松鸣岩花儿会做调查期间发现,当地政府在"文化遗产保护"的旗帜下,开始了充当"村民的代言人、文化评估者和实践指导者"的角色。地方政府一方面声称在大力保护"原生态"花儿,而另一方面,旅游和市场的经济性介入、花儿会上脱离文化情境的舞台表演花儿,抽空了现实的感情,已经渐渐失去了文化的"本真性",这时的花儿已经成为愉悦游人的休闲形式,花儿原有的文化功能已经失去。

需要强调的是,当今多数学者在谈论非物质文化遗产的生态保护时,往往只专注于小生态即非物质文化遗产承载社区的生产生活方式、服饰、建筑、自然环境等的整体性保护,却忽视政治、经济与文化体制等方面的社会大背景或者说是非物质文化遗产大生态的考量。

从文化产生的角度看,文化的形成离不开人类社会的生产生活。没有牧场,就不会有牧歌;没有耕作,就不会有农歌。在当代社会,人们的经济生活、生产方式对传统已作了颠覆性的改变,这也就使文化生存发展的环境随之改变了,使文化的生存空间大大受到挤压。这种现代经济活动和现代文明对文化的影响是巨大的,新的生活使人们需要新的文化形式,可能使人们慢慢疏远传统文化,文化形式空前增多、品种繁杂的现代文化不断进逼挤压着传统文化,尤其是基于生活方式、思维习惯和文化观念的变化使传统文化的发展面临困境。

第七章 非物质文化遗产与地方社会整体发展审视

第一节 我国非物质文化遗产保护现状

中国作为世界非物质文化大国,口头与非物质文化遗产的丰富和多样,承载着繁复的民族记忆,充沛情感精神意志和思想力量,是中华民族宝贵的文化资源。随着现代化浪潮的一波又一波推进,消费时代的文化以工业流水线的方式被营造、被生产、被推广、被欣赏和被接受。人们对文化的生产方式、传播方式、评价方式都发生了深层次变异。那些刻满时代印痕的非物质文化遗产,正遭受着被忽视被破坏的境遇。惊人的消失速度,使抢救工作面临着极大的困难和挑战。客观地说,我们整个社会(政府与公民)对非物质文化遗产的认识非常不够。文化的世界性意义其中一个是多功能的,另一个则是存在性的,前者指的是符号能传播多远,后者指的是任何地方有价值的文化都可以内化为一种精神世界。另一方面,在管理与保护层面缺乏积极有效的法规措施,缺乏智能资源,缺乏抢救与保护资金;教育领域对非物质文化遗产缺乏重视和价值认知,教育和非物质文化遗产保护和传承脱节,大学没有非物质文化遗产相关专业与学科的设置,相应的教材也极度缺乏。就现实情况看,我国目前的高等学院还不能培养提供文化遗产所需的社会人才;政府文化部门缺乏对民族文化资源的整体价值的评估,文化遗产保护观念滞后,资金技术贫乏,正面主导参与乏力;民俗旅游对民间文化价值认知肤浅,缺乏长远眼光的文化规划。

但从近期发展趋势看,国家正在着手制定民族民间文化遗产抢救工程,其中包括申请国家重大投资,进行文化抢救、普查记录、保护以及相关法律法规制定。中国民间文艺家协会由冯骥才先生倡导的中国民间文化遗产抢救工程,已准备启动。中国艺术研究院、中国社会科学院也都在积极准备非物质文化遗产方面的普查抢救工作。中央美术学院在国内高校率先成立了非物质文化遗产研究中心,将民间艺术作为人类非物质文化遗产正式系统引入高等教育,并积极筹备文化遗产规划管理本科专业的建立。我国已有近200处遗产地等待加入世界遗产名录,按照世界遗产委员会给中国的名额(每年最多2处,至少有1处自然遗产),有些遗产地100年后才有机会实现世界遗产的申报。这种文化遗产保护意识固然可喜,但是遗产地申报成功后,景区生态、环境问题凸显,不良文化出现了,对文化遗产的真实性和完整性都带来极大的负面影响。

我国非物质文化遗产保护、宣传、使用大都在地方各级政府的指导下进行,公众自发参与非物质文化遗产保护的意识不强,行动更是少有。文化遗产保护地区不平衡,我国文化遗产资源研究大都集中在经济发达的东部地区,不少文化遗产丰富但经济又落后的地区对其保护与研究能力和水平欠缺,比如,我国西北具有丰富多样的民族、民俗,但是,被列入国家遗产保护与研究项目方面仍较少。

2010 年 8 月 28 日,《中华人民共和国非物质文化遗产法(草案)》向社会公开征集意见。据《中国青年报》的报道,中国青年报社会调查中心通过调研咨询对全国 30 个省(自治区、直辖市)的 3363 人进行一项调查显示:非物质文化遗产面临的问题是什么,"公众参与不足 72.0%;地方重申报、轻保护 69.8%;缺乏立法保护排在前三"。[①] 接下来的问题是:商业化严重、传承人缺代、外来文化和现代文化的冲击、宣传力度不够、专家参与缺乏、保护无序、资金匮乏等。这一较为典型的调查反映出的问题是,我国非物质文化遗产的现状并不容乐观。

一、认识和行为上的行走误区

长期以来,我们往往更注重经济发展,而忽视文化和社会整体协调发展。强调发展是硬道理,但往往是以牺牲非物质文化遗产为代价,强调保护非物质文化遗产的"保护",但常

---

① 见《中国青年报》2010 年 8 月 31 日报道。

常把非物质文化遗产保护与其他事项独立开来,认为其与
"发展"是没有关系的,把"保护"当做完全被动的行为,政府
部门和公众在认识和行为上都存在误区。如上所述,《中国
青年报》的调查显示,73.5%人表示了解非物质文化遗产,其
中12.6%的人"非常了解",还有25.4%的人不太了解,对于
非物质文化遗产流失的原因,85.5%的人认为是"公众保护
意识不强",74%的人认为是政府保护力度不够。

联合国教科文组织《保护非物质文化遗产公约》明确说
明:"'保护'指确保非物质文化遗产生命力的各种措施,包括
这种遗产各个方面的确认、立档、研究、保存、保护、宣传、弘
扬、传承(特别是通过正规和非正规教育)和振兴。"就是说,
保护非物质文化遗产的最终目标是为了保护其生命力,是为
了传统文化的持续发展。

我们可以看到这样的现象,近年来,不少地方官员把非遗
"看成文化政绩",一旦列入"非遗"名录,认为其将会为当地
带来巨大的经济效益,所以全国各地斥巨资申遗的事情屡见
不鲜。按说,进入"非遗"名录,就应该有更为严格的保护,但
现实情况是往往成了保护的结束。中国社会科学院民族文学
研究所所长朝戈金认为,"非遗"的保护存在"四重四轻":重
申报,轻保护;重开发利用,轻深入研究;重经济效益,轻文化
内涵;重一时举措,轻长期规划。

目前,我国的非物质文化遗产教育与科研工作尚在起步
阶段。虽已建立了十余个遗产保护实验室,但至今没有一个
国家重点实验室,而且这些实验室存在布局不合理,技术力量

分散,资源利用率低,管理机制落后等诸多问题。在资金窘迫的情况下,作为"世界记忆名录,中国艺术研究院音乐研究所传统音乐档案"的保存机构,竟然把档案管理的音响资料使用权卖给海外唱片公司的地步,痛心之余,我们不能不对非物质文化遗产的公众意识及保护经费问题多做些思考。

二、机械性的制度障碍:国家文化遗产体系的缺失

从我国现状看,文化遗产运动虽如火如荼,却还未建立起一套系统有效的遗产体系,以保障遗产事业长期有序有效地运行。所谓文化遗产体系是指从理念、立法到行政管理的一整套完整系统。它不仅解答"保护什么"的问题,而且实施"怎样保护"的行为。相对一些发达国家的文化遗产体系,我国文化遗产保护存在着多部门管理、分类与评估指标不同、立法不健全、文化遗产归属不清等诸多问题。比如说,目前我国对非物质文化遗产的保护缺乏专门的机构,政府部门没有明确指定或建立一个或数个主管非物质文化遗产保护的专门机构。并且目前我国对非物质文化遗产的管理尚未形成规模,尤其是在一些非物质文化遗产丰富的地区,非物质文化遗产流失的状况十分严重。简言之,尚未达到通过完善的国家文化遗产系统,使文化遗产的保护和利用达到最佳效果。

目前我国还存在一套不太完善的"申报"模式。如学者、专家或地方文化工作者认定某地的某种传统文化极具价值,且处于濒危状态,于是通过一系列的申报程序,使之进入地方、国家乃至世界的遗产目录。这完全是从客位的角度来操

作的,很大程度上是作为文化"他者"的一群人在进行遗产的界定、选择和保护。其实文化遗产原本具有十分宽泛的含义和内容,"那些由上一代人保存并传续至今,并且由一个群体希望传承到将来的东西"都可以称为文化遗产,笔者想对这一定义作这样的解读,即文化遗产是一种"文化主体的选择",认为有价值的传统文化都是遗产,都应该受到尊重和保护,这样的理解在于从主位角度承认了文化主体本身对遗产认定的决定权,如果这种观念得到普及和广泛的认同,将可能为我们对"遗产"的理解增加一个维度,为当前的遗产运动增加一个"自下而上"的向度。当然,应通过非物质文化遗产的第三方评定设立非物质文化遗产濒危名录、改变保护拨款与认定级别严格挂钩等做法,也是"让遗产定义自身"的应有之义。

三、政府职能遮蔽下的文化意义:"缺席关怀"与"文化民主"

政府在非物质文化遗产保护中主要处于决策、组织、统筹的地位。当然,政府不是抽象的,它有具体的结构系统。在这个系统中,不同级次之间地位与诉求也会有差异:居于高层的"中央及省部一级",以制定法规政策为主,掌管宏观调控;越往下,实际参与的程度越高;到基层,甚至具体组织直接参与。各级政府都将自己的介入视为政绩的一部分,要求别人按照它的意志执行。由于这种介入以权力为依托,具有某种强制的功能,构成一种主导力量。这种主导力量,可以以其强势地位,统辖全局。也因此,如果认识或措施上出现偏失,将会对非物质文化遗产及其保护工作带来损害。

众所周知,由于背景知识、观察视角、价值判断等方面的差异和信息的不对称,主位与客位观点往往有着较大的歧异。如果我们不重视非物质文化遗产承载者和传承者的主位态度与看法,就会一相情愿地实行所谓的"缺席关怀",造成"保护性的破坏"。在现实中,参与非物质文化遗产保护的有政府、传承者、工商界、学术界等多种主体,由于这些参与者地位、动机的差异,他们各自的立场与诉求也不同。依照国际社会的共识,政府应主要处于决策、组织、统筹的地位,因此,《保护非物质文化遗产公约》将保护非物质文化遗产的政府行为严格限定在制定总的政策、指定或建立管理机构、拟订非物质文化遗产清单、宣传教育等宏观性和指导层面。这是因为官方的过度干预往往容易导致包揽包办、"好心帮倒忙"的不良后果。更有甚者,会将非物质文化遗产保护工作演变为"官员政绩工程",各级政府通过行政命令手段发号召、定指标,而实际行动上容易轰轰烈烈走过场,流于形式和做表面文章。

现在全国都在尝试或已经为非物质文化遗产的保护进行立法,但我们也要清醒地看到,这种立法又能在多大程度上吸收民意,尤其是我们立志要保护的那些文化项目的承载者的所思所想呢? 可以说,为文化立法虽已成为全球潮流,但文化政策制定者与文化生产者之间的关系多被我们所忽视。如果我们再从国际人权框架的高度来看,政府的包揽和大众参与的形式化就违背了"文化的自我表达"原则及"社区卷入的参与式保护"策略。在现实生活中,这种越俎代庖的做法并不罕见。一些原本由民间操办的传统节日,随着政府的介入,原本的主人变成了看客,仪式内容也开始"官俗"化。

所以,我们必须克服政府包揽,需要基于文化主位与文化客位的理解,树立一种"文化民主"的意识。文化既然来自民间,又承载于民间,其内在的本质特征就决定了政府不能扮演高高在上的角色,不能进行那种"缺席的关怀",而必须还文化于民间。

四、地方性文化主体的失语与参与式发展模式

UNESCO 的《公约》对遗产的界定具有立法的效应,它不仅成为各缔约国制定基本条款、指导分类、操作规章的依据,又赋予自身以政治性"话语"特征。同时,《公约》规定民族—国家是申报世界遗产的唯一合法主体,但是国家行政权力的过分干预,往往导致文化遗产保护的程序化和模式化,造成地方性文化遗产主体的"失语"。[①]

人类学基于对主客位观点差异的考虑,一直主张在尊重"地方性知识"的基础上,采取"参与式发展"的行动策略。文化的主位与客位,中国现在的文化遗产申报与保护,都是政府自上而下的行政化操作。笔者认为,真正的遗产保护应该是自下而上的认知性保护过程,这就会连带产生一个文化自觉

---

① 参见彭兆荣、林雅嫦等:《遗产的解释》,《贵州社会科学》2008 年第 2期。

的问题。"自下而上"的文化遗产运动被发动起来并形成规模，首先需要民众对自有文化的价值具有自觉意识。这种自下而上的对文化遗产的认识保护，才是使遗产保护得到良性发展的有效途径。

要实现这种大众参与，就必须为民众的真正参与提供空间、便利和制度化保障，使他们能够直接参与，有机会和有渠道为自己说话。现实中，我们往往看到的是人们对管理效率的优先关注，超越了对决策制定及达成合意的背景的关注。当我们在吸收相关利益群体参与，这些参与者的言行都是被假定为只代表"个人的经验、偏好和选择"，而非代表更为广泛的社会与文化的意愿。因而，这种参与经常沦为形式和摆设，最终决策仍主要取决于管理者与社会权威的意见。这样的后果往往是灾难性的。反观我国现代历史，一个深刻的教训就是，许多美好的工作设想或建设项目因盲目的、单边的、运动式的决策和执行方式往往导致并不美好甚至背道而驰的结果。关于非物质文化遗产及其主体与生态之间的内在的关联，厦门大学彭兆荣教授提出的"家园遗产"理念凸显了地方文化持有者与家园生态之和谐关系在遗产保护实践中的作用，具有建设性意义。具体而言，他以村落生态来强调人群与环境的状态以及亲属制度与遗产的内在纽带关系，用"文化地图"的图式展示"文化遗产/家园"的结构关系及其地方性表述。他认为，"家园遗产"的理念对于后现代语境下的文化传承与保护具有特别重要的现实意义。

在今后的非物质文化遗产保护工作中，我们应该充分借鉴发展人类学以及世界银行所倡导的参与式发展模式,让学者、政府代表与社区实践者及其代表人物及各类非政府组织坐到一起,以获取"地方性知识",充分汲取民众的草根智慧、激发他们的"文化自觉",由民众自己在政府及社会力量的协助与支持下,设计、执行、监测以及评估保护自身非物质文化遗产的方式和方法,从而实现事半功倍的保护目标。在这一过程中,各级政府和相关专家只能是组织者、参与协商者,而绝不能是包办者。我们应将文化参与纳入更为宽广的目标——人类发展,通过提升人们的文化自觉以拓展人类的文化选择,这样才能真正地实现非物质文化遗产的可持续保护与发展。

五、文化产业化的几种倾向:保护与开发的事实悖论

近年来,以经济利益最大化为主导的旅游市场迅速发展,导致对民间文化遗产的庸俗化和廉价开发,这必然在一定程度上造成对文化的误导和破坏。另一方面,社会从整体上重视文化遗产的经济功能。相反,轻视文化遗产的教育、文化、道德、伦理、社会(和谐)等功能。对遗产本身的价值、真实性、完整性与环境质量问题研究较少,遗产地旅游开发过度,无异于杀鸡取卵,导致文化遗产破坏严重。加速前进的现代化把人们带入一个杂乱的消费时代,各种思想和价值观处于支解与裂变之中,在时空越来越细密的网络,文化与精神意志分离为碎片状态,消费指标与经济尺度牵引着社会生活,这使得目前非物质文化遗产的商业化倾向愈演愈烈。这些文化遗产的传承人不必再固守清贫,然而文化遗产被非正常"关注"

后,其结果适得其反。比如有一些旅游景点一年四季、日复一日地为顾客表演婚礼仪式、送荷包、喝交杯酒,把正剧性质的东西都变成喜剧、闹剧。久而久之,文化就丧失了原初的意义,失去了其作为生活方式的应有情状与内质。

人类学历史强调文化是一个整体的概念。而我们国家现在的文化遗产保护,往往是把文化遗产的某些外显特征从其文化整体中抽离出来,尤其是那些极具视觉冲击力的部分。这样的文化遗产被扭曲支解或改装,本质已经发生了变化,失去了原有的整体意义。由于遗产运动所带来的商业利润的刺激,申遗活动大量蜂拥而至,造成一种"模式化的文化遗产",并形成了对文化遗产的不合理消费模式。

在对世界文化遗产多项公约进行研读后,可以体会到文化遗产的使用和应用首先不是商业开发的规则。也就是说,即使有形与无形文化的利用具有可能性,那也应是在特定的地方文化事项的保护原则确定之后,先考虑形成产业与市场配合的可能性。在地方人民主体性参与和对地方文化遗产"最低限度的干预"的情况下,再进行文化的利用与应用之考量。不过,我们总是会看到文化真谛的保持和商业的原则之间不甚协调,因此,一个特定的地方文化遗产保护的进程始终需要我们给予极大的关注,不可掉以轻心。只有确立了正确可行的保护原则,文化遗产保存、传承和使用的设计才会有标尺。①

---

① 庄孔韶:《文化遗产保护的观念与实践的思考》,《浙江大学学报》2009年第 5 期。

　　商业化和保护一直是文化遗产保护工作中矛盾的问题。包括中国在内的许多国家都是将旅游开发作为文化遗产保护的最主要的手段,而过度的商业化开发就会造成文化遗产的"异化"和"物化",因此一些专家提出应该阻止文化遗产的商业化开发。庄孔韶教授认为,"既然多元文化延续选择可以是多样化的,就说明任何地方与教育族群文化传承的方式也可以是多样化的,可见,关于文化传承的产业化思维与实践只不过是可供选择的多途径之一,并且尤需谨慎。仅就有些地区已经开始实施的文化产业化过程和结局加以评估,就已看到了成败参半的社会现实。关键就在于确定文化遗产可以运用、使用和应用的标尺。显然,不是所有的文化遗产都可以应用,包括进入商业应用或进入产业。而我们又能提供人类业已积累的何种有益的知识理念呢?"①我们保护的是体现民族精神和文化类型、自身特点的精髓的非物质文化遗产。1998年10月31日,我国首座生态博物馆——梭嘎生态博物馆正式开馆。1999至今,贵州省相继建设了梭嘎、镇山、隆里、堂安生态博物馆文化群。这不仅把零散的12个自然生态村寨系统地纳入一个整体的文化遗产保护范围,而且还保护了当地的生态环境。目前,我国许多少数民族地区都成立了不同类型的民俗博物馆、生态博物馆,对民族文化进行整体性的保护和建设,这种动态的保护形式,对于非物质文化的保护是有

---

　　①　庄孔韶:《文化遗产保护的观念与实践的思考》,《浙江大学学报》2009年第5期。

积极意义的。①

我们知道，目标的设定实际上已经决定了行为的内容。文化遗产保护的目的旨在将传统文化遗产给予完全的、可持续的、可解读的保存；而文化遗产的开发，则旨在将文化遗产作为一种商品或一种资产进行有价值的利用。保护，一般意义上理解，它需要投入；而开发不仅需要投入，它更需要产出。尤其是当它成为一种商业行为之后，谋取最大的经济利益就成了它最后的也是唯一的目的。因此，文化遗产的保护与开发，事实上存在着不可调和的矛盾，大体情况下，保护的投入大都是为了发展地方经济，活跃地方商业文化。而经济活动或商业活动有其自身的规律，当文化遗产保护主旨定位于后者，显然其主导层面的文化遗产保护，必然也就要服从于发展经济，那么，文化遗产的保护也就仅仅是为了经济活动的保护，与科学保护成了无法调和的矛盾体。

让非物质文化遗产尽可能多地保存原来的形态，对此，大部分人都能理解，事实上这也是文化遗产保护规章、制度原则得以建立的根本原因。然而，当人们阅读这些文化遗产来满足文化需求时，通过开发建立现代化的各种设施，包括在文化遗产区建立高档的宾馆、度假村和各种旅游设施，就成为绝对不可或缺的内容，于是，随着这些现代化生活方式的出现，文化遗产也开始变味或遭到了实质性的破坏。要改变这种趋

---

① 参见韦晓娟:《略谈非物质文化遗产保护的策略》，原载《非物质文化遗产学论集》，陶立璠，樱井龙彦主编，学苑出版社 2006 年版，第 182 页。

势,仅仅从诸如全力保护加适度开发,到科学保护加合理规划利用等,是远远不够的。实际上,我们同样可以借全力保护或科学保护之名而行过度开发之实,原因是我们没有适度开发或合理利用的标准。更何况,保护者常常就是实际的开发利用获利者,因此,保护常常流于形式,而过度开发却无法控制的现象到处可见。事实上,没有一个开发利用者会认为自己是属于过度开发或过度利用的。然而,非物质文化遗产在目前所谓的开发利用中的损毁现象,却同样也是有目共睹的。①这方面,人类学的动态保护理念是有积极的参考价值的。

第二节　社会文化变迁中非物质文化遗产保护的难题

口头与非物质文化遗产具备"文化流动"、"文化变迁"的文化观念。如歌谣就是处在不断流变中,是一个不断解构与重构的过程,这些变异都是"合理的"。非物质文化遗产作为"文化"范畴,其本身就是一个变迁的文化现象。那种在凝固的眼光中对文化现象的理解仅停留在表征的、刻板的文化保存层面上,会让人产生保护非物质文化遗产就是追溯、回归原初文化形态的错觉,让非物质文化遗产保护工作陷入庸俗化

---

① 陈华文:《目标差异:文化遗产保护与 开发的悖论——也谈我们的建议和对策》,《非物质文化遗产学论集》,第174页。

境地。事实上,口头与非物质遗产被保护的对象是创造性文化产品中具有创造力的那一部分,以及传统文化活动中文化内涵赖以存在的时间和空间。口头和非物质文化遗产最根本的特征就在于它所具有的"活态流变性"的特征。正是这种"活态流变性",形成了口头和非物质文化遗产保护中的诸多难题,如技艺传承代表人即将失去传承能力,而后继乏人。一方面由于一些强制因素,使原有的民族形式面临被同化的危险,即将失去与民族的联系。不可避免的是,由于农业区的消减,使特有的活动场合连续性的缩小而文化即将消失。另一个重要原因是,人口流失使人们失去原有的兴趣,特有的文化活动形式无法继续。当然,最明显的是旅游业的商业目的剥夺了民族遗产的自然传承机会,使其将不伦不类的形式所吞没,现代化更使得一些文化形式的功能消失殆尽,难以吸引人的参与。再次,每一类非物质文化遗产不可避免地会随时间而改变。比如,经济技术的发展可以导致传统手工艺的绝迹,人群迁徙交往的频繁可能会使一些区域性的语言发生变化,社会观念的改变则可能直接导致生活习俗甚至民间信仰发生更大转移,更不必说由于个体认识的差异,非物质文化遗产在传承过程中发生从形式到内容的变迁了。既然承认非物质文化遗产是有生命活力的,就不能否认、更不可以阻止其顺应自然的发展变化。下面笔者将进行具体阐述。

一、生存环境危机导致文化生态发生变异

由于农业区的消减,使特有的活动场合连续性的缩小而

将使文化消失。现在非物质文化遗产面临的最大的威胁就是逐渐失去其赖以产生、发展的社会环境和文化生态环境。社会环境的变迁、技术的发展使一些非物质文化遗产一再适应社会发展的需要而逐渐地被人们所忽视,一些古代歌谣,是在农业文明的背景下产生的,其舒缓的品格特点不再适应现代人紧张而快节奏的工作生活环境,这也是流行音乐俗音乐风靡市场的主要原因。

在现实生活中,我们又碰上了另一个无法回避的矛盾:活态保护中的"文化遗产",包括古村镇中的居民,他们不仅需要保护他们的物化的传统形态,他们也向往现代的生活方式。整体保护虽然在一定的时空达到了保护传统的目的,但同时,又产生了一个新的问题:凭什么就非得由我来承受文化遗产保护过程中无法追求现代生活的代价? 这种现象,在现代文化遗产保护中同样表现得非常直观。一方面我们需要保护具有个性化的、地方化的文化传统或文化遗产,但同时,也要对在其保护过程中因无法追求现代生活的人们予以各种人文、物质关照。

二、农村生产生活方式的变化致使文化的传承与发展面临挑战

首先是农村生产、生活方式的变化。旧时,农村中经济收入来源少,各地都根据本地的出产,形成一两种副业,这种副业是以家庭妇女手工为主的,一两个人在自己家里干,时间长了会感到寂寞,常常三五成群集中到房子较宽敞的人家一起

干活,这种时候,她们经常会讲各种各样的传说,而现今,机械
化生产代替了原先的手工劳动,工作场所也从家里搬到了工
厂;野外"集体"劳作,是讲故事最多的场所,因为可以减轻疲
劳。自实行家庭联产责任制后,这种"集体"劳动已不复存
在。在没有广播、电视的情况下,原先农村中"信息"传播的
主要途径就是村民的"闲聊",生产之余或休息之际,人们自
发地聚集在一起,在村落中会形成几个主要的信息传播场所,
如祠堂门前、桥头、晒场等,这些场所也往往是歌谣的"传播
场",随着广播、电视的普及,这些"场"就逐渐萎缩了。其次
是年轻人大量进城谋生和进工厂车间从事非农业生产,大部
分农村中的常住人口大幅度减少,出现"空壳"现象,剩下的
是年老体迈的老人,他们要料理家务、照顾孙子辈,还要进行
田间劳作,再加上年老体弱,很少有时间和精力走出家门,跟
大伙聊天、谈"山海经"。再次是农村文化娱乐形式的多样
化,尤其是广播、电视、录像的普及。农村中原先除了节日期
间的民俗活动及演戏外,平时没有什么娱乐,现在电视、录像、
电子游戏更能吸引孩子,他们对传统的娱乐项目已经没有多
大兴趣。

随着这种社会生活的变迁,人群的流动性大大增加,人口
流失使人们失去原有的兴趣,特有的文化活动形式无法继续。
现代化使一些文化形式的功能消失殆尽并且与当下人们的审
美价值产生了距离,难以吸引年青一代的参与,这也是许多已
列入《人类口头与非物质文化遗产》项目的诸多非物质文化
遗产所面临的现实问题。西部少数民族地区是口传非物质文

化的故乡,口传与非物质文化在西部呈现出丰富多彩的表现形式。如维吾尔族的集体歌舞——十二木卡姆、哈萨克族的阿肯弹唱、蒙古族的《江格尔》长调、柯尔克孜族的英雄史诗《玛纳斯》传唱艺术、回族的"花儿"等艺术形式,不胜枚举,如何使这些璀璨的艺术之花在时空的变异中永存其魅力与精华,永远留存在世间,这确实需要审慎地去思量。

三、文化的继承和扩散方式的持续性受到影响

口头与非物质文化遗产的保存基本靠一代一代人的口传心授来传承,文化生产的环节具有"创作"、"表演"、"接受"等三位一体的特征,尤其是口传文化。创作者既是"表演者"也是"接受者",又是"传承者"。这种文化的继承与扩散方式的持续性,本身就很容易受到外界因素如传承人的影响,所以人的问题是关系到非物质文化遗产生存与发展的一个关键点。当经济迅猛发展后,相应而来的是物质消费方式和生存观念的巨大改变,从而导致许多民族传统文化传承人的大量减少,或者传承人青黄不接、后继乏人。对此,2008 年笔者在甘肃和政县调查时深有感触,当地年青一代对"花儿"这种文化形式已经不愿意学习,同时我们感受到民间艺人对即将失传的口头传统文化的深深眷恋和忧虑心情。"当人的意识因受外界的影响而日益走向开放,社会提供的多元化生活方式和思想观念就会逐步削弱了群体意识,个体意识相应地增强,那种集体性参与的传统文化的生命力将会因其所依附的传统社会活动(民间文化活动)的逐渐减少乃至消

失而逐渐减弱甚至终结"①。

社会变迁中谁来保护文化遗产已经成为人们讨论最多的问题:一方面认为文化遗产应该原封不动地保留下来,这是文化多样性的体现;另一方面,社会变迁是一种必然趋势,同样,文化遗产的变化也是一种必然趋势。每一种文化都有它特有的地理环境和人文背景,并通过这些特定背景的隔离机制而得以保留与发展。当社会环境、生态环境及文化个体发生相应的改变,文化的味觉与原有情态就会自然而然地产生异化与消解。

四、现代旅游业剥夺了文化自然传承的机会

文化遗产面临着巨大的变迁,文化变迁是我们人类学知识谱系中的重要部分,涉及诸多知识和理论,特别是"文化反应",其中有三种情况:一种叫良性反应,一种叫中性反应,一种叫恶性反应。当政治、法律、经济、旅游等这些外在的东西对传统文化实施影响时,一定会使它产生巨大的变迁。

在近些年如火如荼的申遗热中,出现了中国式的"遗产空壳"现象,丽江就是一个典型的例子。"近几年,丽江旅游业异常兴旺,每年数百万游客带来的商机,吸引大批外地人进入城镇租房开店,使原来的生活街区变为了现在的商贸旅游区,游客在古城所看到的,几乎全是外地人开设的商铺,大量

---

① 马成俊、鄂崇荣、毕艳君:《守望远逝的精神家园——对黄河上游小民族非物质文化遗产的调研报告》,《西北民族研究》2007年第3期。

原住民搬出古城,被人们称为古城的"空巢"现象。遗产地的"空壳成为了对遗产地最大的讽刺","活的文化"本是对遗产地的本质要求,但在成为遗产地之后,反而加剧了"活文化"的缺失。遗产地的"空壳"现象,成为了中国普遍的遗产弊病和结局。一方面,"活态文化"在经济利益、文化变迁中退出遗产地,遗产地丧失了本质的要求,出现了普遍的遗产弊病——"空壳现象";另一方面,在这一冲突和变迁过程中,原居民也得到了很大的实惠,生活、收入都大大提高,主动迎合这样的文化变迁。在这里,遗产标准对于地方活态文化的基本要求,与在遗产引发的旅游的情境之下,"活态文化"——原居民主动搬离地方,面对逐渐会丧失了作为遗产的资格,形成了与遗产地保护相违背的原初性精神。①

商品社会现代化、年轻人自身的价值变化引起的文化变迁等,这种巨大的变化对他们的传统会产生什么样的影响,社会的转型给我们的遗产研究会带来什么新的问题等,都是人类学很值得研究的课题。保护工作也应该包含"文化变迁的印迹",因此歌谣类的非物质文化遗产的保护工作应该为文化变迁的过程跟踪立档,以便"今世为志,后世为史"。

下面笔者就以歌谣类的文化遗产为例,说明随着中国现代化的进程和农村城镇化的加快,歌谣类文化遗产的传承环境正在快速地发生改变。

---

① 参见彭兆荣、林雅嫦等:《遗产的解释》,《贵州社会科学》2008 年第 2 期。

以梁祝传说的发源地之一宁波高桥镇为例。旧时,高桥镇主要的讲唱场所有四处:一是编草帽时,高桥盛产荫草(当地称甬草),用荫草编织草席、草帽是当地人主要的一项副业,以家庭为单位,老老少少都会编织。农闲时晚上,女性三五成群聚集在一起,边编草席边讲笑话、故事,其乐融融。梁祝传说也就在这编织过程中代代相传了下来。二是田间劳动时,尤其是集体化生产时,一个生产队的几十位男性,边劳动边聊天讲故事,讲各种各样的奇闻趣事。三是串门时。四是打中乘凉、聚会场所,特别是桥头,有些人特别能讲各种形形色色的传说故事,当地人给了他们一个特殊的称谓:"桥头阿三"。这些人就是民间封的民间故事家、歌手。目前高桥镇的村民只有乘凉时还偶尔会讲些新闻和故事,其他三项均已消失。大部分善于讲述梁祝传说的"桥头阿三",现在均已去世,现在,除了在梁祝文化公园工作以及真心喜爱梁祝传说的部分年轻人外,高桥镇上的年轻人大部分都已不能完整讲述梁祝传说。原先一些熟悉梁祝传说、能够讲述梁祝传说、现在尚健在的中老年人,因为长期没有讲述的机会,再加上逐渐年老体衰,记忆力下降,讲述的能力正在快速地衰退,一些原来讲得滚瓜烂熟的梁祝传说的老人都已经讲不全,甚至完全忘记。高桥镇81岁的老人楼规法,最早记录的《梁山伯指点缸鸭狗》传说就是由他讲述的,但是我们再次请他讲述时却已全忘记,只得看已出版的整理本,帮助恢复记忆。这种情况,在当地已是普遍存在的现象。传承环境的改变和传承者的后继乏人,固然是梁祝传说在口传领域面临濒危的主要原因,但隐藏在其背后的更深层次的原因则是社会的发展,导致人们生产生活方式的改变和人们思想观念的转变。传说的口头遗产作品固然反映了中华民族的许多传统的思想观念、伦理道德、审美理想等,但与今天人们特别是年轻人的观念有了很大的隔阂,年轻人不能理解和接受,年轻人对梁祝传说几乎一致的看法是,传说优美,但故事情节不可信,认为"二载同窗不识祝英台为女性"是不可能的事,甚至连老年人也认为这种事要是发生在今天,梁祝两人老早就私奔了。正是由于观念的改变导致了传承链的断裂,传承者后继乏人。不容忽视的事实是,观念的改变是历史发展的必然,是任何力量都无法逆转的。

第三节　非物质文化遗产创新式保护的前瞻性思考

一、国家对非物质文化遗产的宏观管理

中国作为历史悠久的文明古国,传统文化资源极为丰富,但民族众多,地域辽阔,在对非物质文化遗产保护方面,急需国家的统一规划和组织,其主导作用表现在以下几方面:

首先,对非物质文化遗产进行认定,必须要有科学严谨的依据,通过研究建立相应的法规,为使对非物质文化遗产保护具有可操作性,也必须通过立法来确定。全国性的法规要体现全局性,宏观上协调在非物质文化遗产保护和传承中带有

普遍性的问题。国家还要鼓励和支持地方政府(包括少数民族地区和自治区政府)根据国家相关法律与本地区的实际情况制定有针对性的法规和条例。例如,可通过立法或制定条例等来恢复传统庆典、祭祀等民间文化,但非物质文化遗产保护的法律法规,需逐渐总结经验,通过实践来不断健全和完善。

其次,关于组织协调和行政指导方面的作用。国家除加强立法保护外,还应充分发挥宏观调控作用,加强对非物质文化遗产保护的统一规划。由文化部牵头组成专门机构,对非物质文化遗产的保护进行全面、系统的论证和规划,并制定相应的政策。特别是要把非物质文化遗产的保护工作列入各级政府和文化主管部门的日常工作之中,并把各级政府对非物质文化遗产的保护作为一项重要标准加以实施。这样通过政府行使职能,将社区、民众和专业人员结合起来。为了复兴传统的大众文化,联合国教科文组织也鼓励各国政府采取各种形式,包括官方承认、法律保护、特别的医疗保护措施、减免税收或补助等,对非物质文化的文化群体、地方社区和从事者进行激励。最近联合国教科文组织对联合国成员国进行了一次全球性的调查,有 103 个国家作了回答,主要结果是:57 个国家将非物质文化遗产作为国家文化政策的一部分,31 个国家具有保护非物质文化遗产的基础设施,49 个国家有能力培养收藏家、档案管理员和纪录片制作人员,154 个国家在学校内外讲授关于非物质文化的课程,47 个国家有全国性的民俗协会或相似的社团,58 个国家或地区对致力于保护非物质文化遗产的个人和机构提供道义上或经济上的支持,在63个为艺术家和从业者提供支持的国家中,28个给予国家支持,14个给予荣誉地位,还有5个给予国家职位,152个国家的立法中包含了非物质遗产"知识产权"方面的条款。认真学习和借鉴国内外一些成功的经验和案例以提高我们的理论和实践水平,使我国的无形文化遗产得到更好的保护和传承有重要意义。

再次,关于资金投入方面。通过田野考古手段对物质文化遗产保护的资金投入由政府拨款,除了单位支持、合作研究等途径已经有规范的资金来源,而在保护非物质文化遗产中,经济的支撑同样非常重要,要通过政府、民间各种渠道,对非物质文化遗产的保护给予有力的经济支撑。否则,我们对非物质文化遗产的调查、收集、整理、保护和研究工作无从谈起。可见,缺乏保护经费会严重地制约非物质文化遗产的发展和保护。资金的投入是一切工作运行的前提。因为经费不足,容易造成一系列的问题,如保管非物质文化资料的设施落后、设备陈旧,导致有关部门的整理研究和抢救工作难以开展,人员与非物质文化相关的实物资料散落民间,一些濒临灭绝的非物质文化遗产得不到及时抢救。

二、社会干预性传承体系的建立

目前看来,非物质文化遗产传承的实现形式大体有两种:一是自然性传承,二是干预性传承。前者是指民间个体行为的某种自然性的传承延续,许多非物质文化遗产基本上是靠这种方式延续至今的,最典型的就是个体之间的"口传身授",如口传文艺、手工技艺、民俗技能等等。

社会干预性传承是指在社会某些力量干预下的传承,这包括行政部门、立法机构、社会团体的各种行为干预和支持。这种社会干预性传承主要有两方面:其一,通过社会干预性力量支持或保障自然传承活动的实现,包括采取法律、技术、行政、财政等措施,促进特定遗产的传承。例加在中央政府实施民族民间文化保护工程的基础上,不少地方政府采取多种措施,给传承人创造条件,提供支持。云南、贵州、福建等省制定地方法规,建立传承人命名制度,为传承活动和人才培养提供资助。其二,通过教育途径将传承活动纳入其中,使其成为公众特别是青少年教育活动、社会知识文化发展链条中的一个重要环节。

针对现行教育知识体系中本土非物质文化遗产资源认知严重欠缺的现状,2002年10月,第一次中国非物质文化遗产教育传承实施动员大会在北京召开,这是非物质文化遗产整体进入中国教育体系的开端。会议从人类文化遗产与可持续发展的高度,将中国多民族传承的非物质文化遗产提到了中国教育的议事日程上来,大会呼吁当代教育肩负起民族民间文化遗产传承、肩负起民族文化创新发展的历史使命。会议明确指出,大学作为人类文化(遗产)的传习地,应当倡导更加开放、平等、民主,更具世界文化交融、竞争和创新活力的教育理念。积极创建国家及社会文化遗产事业急需的新学科,为国家文化遗产保护事业提供优质服务。尤其是作为文化生态可持续发展的科研信息,积极协助支持国家及政府制定适合国情和文化发展状况的文化政策和操作模式,肩负起非物质文化遗产专业人才的培养;积极推动中国非物质文化遗产向世界的传播、宣传,增进人类文化之间的交流。大学的非物质文化遗产传承教育应落实到学科创新发展和课程与教材的改革中。

目前,中国一些学校设立了专门的机构对文化遗产进行系统研究,如北京大学的世界遗产研究中心、南京大学的文化与自然遗产研究所、复旦大学的文化遗产研究中心等,2002年5月10日,中央美术学院成立了非物质文化遗产研究中心,目的是将民间艺术列入大学艺术教育,填补我国学院教育长期忽视民间艺术的空白。而且,中央美院还计划设立文化遗产规划管理本科专业,专门针对非物质文化遗产的传承、保护、研究、民间艺术品的开发等课题研究。此外,中心还将着重抢救、整理、研究民间文化信息,建立中国非物质文化遗产档案库,启动民间剪纸保护传承项目。中国艺术研究院还准备用五年时间,组织有关专家在全国开展全面的"人类口头和非物质文化遗产"普查,为中华民族文化艺术资源的保护及科学合理的利用提供决策依据。

不过,对中国的大学来说,非物质文化遗产教育是个崭新的课题,涉及领域相当广泛,是一门新的跨学科的知识体系,其课程设置、学科及学术资源整合、教材编写、教师知识结构的转型、教学方法、数学目的等等都还处于探索之中。目前大学中虽有与之相近的学科体系如人类学、考古学、博物馆学、古建筑等专业,但其知识体系和学术理念、理论、方法、概念、话语及学科目的等方面仍存在较大差异。面对非物质文化遗产所涉及的复杂因素,中国高校应加快跨学科的协作实践。在条件允许下,还应该将非物质文化遗产的内容列入中小学甚至幼儿教育的课程当中,尤其是在国家九年义务教育的推广中,应当加强本土非物质文化遗产的传承认知,让年青一代也参加到保护人类文化遗产的行列之中。近些年来,我国不少地方都已经在开展这方面的教育活动,如福建泉州很早就将"南音"纳入当地中小学乡土教材,一些文博机构将特殊传承活动作为某种"活"的展示,或为传承人提供传承活动的空间或场所。

三、全方位的教育传承的实现与公众意识的培养

"文化自觉"是费孝通先生在世纪之交提出的一个新概念,是指人们如何对自身文化有一种自知之明。也就是说,人们要清楚地知道自己文化的来源和发展。文化自觉是适应新的历史来调整自身的文化,从而在文化转型的过程中求得新生。文化自觉要求人们自觉地去认识对象、把握对象以及自觉地付诸行动。我们在面临自然生态被破坏的同时,也面临着文化生态的被破坏和文化资源在减少的问题。经济全球化影响力已经辐射到非物质文化生存的这片土壤。在很多民歌之乡、剪纸之乡、刺绣之乡中,民间传承人越来越少,传统的民歌、剪纸、刺绣被时尚的明星画、流行歌曲所代替,年轻人对于传统的记忆越来越模糊。文化部部长孙家正指出:保护和传

承非物质文化遗产必须依靠全民族的自觉和全社会的自觉，而实现全民族的自觉和全社会的自觉，需要有专家、学者的参与，共同做好普及提高认识工作，使大家真正深刻地认识到这项工作的重要意义。只有唤起全民特别是青年群体的文化自觉，让青年一代意识到非物质文化遗产保护的重要意义，并承担起保护的重大责任，才能使非物质文化遗产做到真正的传承和发展。

在公众意识的培养方面，日、韩也不乏一些经验可供借鉴。日本文部省规定，小学生在校期间必须观看能剧一次；日本官员均以能剧、歌舞伎、狂言等传统艺术招待外宾，多数乡村设有自己的民俗博物馆。韩国中央和地方政府大力保护并提供财政支持非物质文化遗产的演出等各种活动，国家根据演出规模等具体情况提供 200 万韩圆（约合人民币 1.4 万元）至 500 万韩圆的资助。对于具有传统文化技能的人，政府按每人每月 100 万韩圆提供补助。

学校固然是传承非物质文化遗产的主要阵地之一，但非物质文化遗产作为一种特殊的知识体系，其传承与发展是关系到民族群体和全社会的公共事业，需要国家及民众的互动协作，更需要一个面对历史、现实与未来的理性与健康的文化心态和文化环境。因此，我们应倡导面向中国非物质文化遗产的全方位教育传承的实现，如城市的社区教育、党校的干部教育、扶贫中的扫盲教育等不同层次、不同社会方式的教育都参与进来，在非物质文化遗产传承中树立起人性的文化尺度，充分重视非物质文化遗产传承主体的民众，尊重民众文化传承的内发性和文化个性,培育文化自觉精神,为非物质文化遗产的保护和发展,构筑健康、有序、持久的良性发展氛围。

四、民间组织和社会力量的充分参与

非物质文化遗产生于民间,活在民间,如果非物质文化遗产是鱼,那么民众就是养鱼的水,从根本意义上说,民众既是非物质文化遗产的创造者,又是非物质文化遗产的消费者和确证者。非物质文化遗产要想得到长远的保护和合理利用,最终还是要依靠厚实的民间力量。向群众谈及非物质文化遗产保护知识,增强他们认同的自觉和保护意识,是关系到非物质文化遗产保护工程能不能久远维持的根本大计,保护非物质文化遗产,政府的支持是强有力的,专家的指导是科学行动的保证,而真正的基础则来自民间的文化自觉。

保护、传承非物质文化遗产的重心在基层、在民间、在传承地,民间组织在其中发挥着至关重要的作用。如黄河上游其他一些地方在民间文化产业的开发和建设方面取得了成功,经验之一就是民间组织在其中发挥了举足轻重的作用。各地都会有一些"能人"组成的民间文化组织,他们是非物质文化遗产的保护者,又是非物质文化遗产的传承者,在当地社区有很强的号召力,因此,在实施非物质文化遗产保护工程时,应该注意发挥好他们的作用。

五、保存与保护工作的职业化、专业化、群体化

一是非物质文化遗产传承人的保护与培养。保护非物质

文化遗产最根本的措施是要保护传承人和培养新的传承者,设法使这种活的遗产得以继承和延传。一方面要建立适合我国国情的传承人保护制度,明确传承人的地位,除在经济上给予必要的资助和扶持外,还要赋予其相当高的社会地位,给杰出的传承人创造适宜传承的社会条件。另一方面,要建立合理可行的传承机制,帮助他们建立培训基础和师徒关系,通过授课、带徒授业等方式培养接班人,提高他们的知识技能和文化自觉,使他们在享受习俗传承给他们带来种种好处的同时,达到对非物质文化遗产的认知,更加乐于保持传统习俗,使其技艺能够得到完好地传承。

二是推广非物质遗产继承人的群体化。由于历史的原因和社会的原因,非物质文化遗产在传承方面有一部分具有主观性、非公开性、狭隘性,个别文化遗产如口诀、秘技等只在有血缘关系的人们中间进行传授和修习,一般不传外人。这种基本上在家庭内部传承的封闭性单传系统造成失传的危险性极大。为此,保护这种少数的非物质文化遗产,政府应给予宣传和扶持,可通过制定政策(包括物质和精神鼓励的办法),劝导其改单传为群传。要鼓励传承人积极展示个人的艺术创作成果,现场演示手艺绝活,逐步扩大社会影响,使更多人对此产生浓厚兴趣,继而成为新一代的传承人,从而使优秀的非物质文化遗产能安全可靠地传续下去。①

---

①　参见吴平:《非物质文化遗产的载体化保护与传承》,《贵州社会科学》2008年第11期。

　　三是实现非物质文化遗产保护的专业化。专业化保护就是实现对非物质文化遗产保存与保护的科学性。文艺遗产可通过文艺团体来保护,非物质文化遗产中的音乐、舞蹈、口头文学不仅可在民间传承,也可在专业化的文艺团体中传承。语言、建筑术、医术、民间绘画可以在教育和科研部门中进行研讨和传承,这种传承形式既可以扬弃糟粕,取其精华,又可以探讨其内在的本质规律性,从而有利于创新,更有利于推广与传承。学术和科研工作的鼎力支撑,专家的介入对非物质文化遗产的保护和传承具有巨大的作用。

　　四是实现非物质文化遗产保护的职业化。一般来说,相对现代文化,非物质文化遗产是一种弱势的文化。如果顺其自然地在民间进行民族、家庭、师徒间的传承,其传承和保护的能力就较弱。另外,在现代大众文化的冲击下,非物质文化遗产存活范围程度和社会市场的局限,对传承人来说,存在着保护的自觉性和积极性的问题,如果缺乏责任感,传承工作就会低效或无效。职业化某种程度上就是解决责任感和自觉性的问题。

六、人类学创新式保护理念的应用

　　人类学视野中的"文化"既是累积式传承的,又是流动变迁的,既然文化是变迁的、传统是流变的,那么作为"非遗"保护之"本真性",绝对的、机械的文本性是不存在的。尤其是在文化生态剧烈变迁的全球化背景下,丝毫不掺杂任何现代因素的纯原生态保护只能是一种浪漫的想象。因此,所谓创新式保护大致包含两大路径:其一,保护手段的更新。立足现实的文化生态,运用现代技术手段,去寻找并救养那些被现代浪潮不断冲击而抛出文化河流之外的传统文化。其二,保护模式的层次化。即学术层面的文化基因的生态保护和生活层面的文化内涵的创新式活态传承保护相结合。创新式保护既不能机械地、形而上学地理解"非遗"的"原生态"或本真性而静态地或碎片式保护,或者为坚持"原生态"保护而拒绝任何形式和内容上的创新与变革,也不能过分迎合市场的需要,完全脱离传统而庸俗化、亵渎式保护。概而言之,只要能再现传统的文化底蕴、满足文化主体与文化客体的精神或物质需要,尤其是能被文化创造主体普遍认同并使之继续流淌在文化河流上的"非遗"保护,就是创新式保护。以下不妨以畲族"歌唱"文化为例来具体分析:

畲族是我国东南地区一个历经近千年迁徙,逐渐从聚居嬗变为散居的山地农耕民族。在历史上长期的社会边缘化处境和漫长的游耕迁徙动荡中,居住分散、力量弱小且无文字的畲族为强化族群整体认同、延伸族群文化记忆链条,形成了以歌代言、以歌叙事、以歌兴教、以歌为文、以歌抒情、以歌言志等集文化传承与审美娱乐为一体的"无事不歌、无俗不歌"的歌唱习俗。畲歌内容浩瀚、题材众多,涉及族群历史事件、国家时政要闻、生产生活知识、男女愉悦抒情等诸多方面。渗透于日常生活、贯穿于整个生命礼仪的畲族歌俗大致涵盖:日常劳作时男女间的以歌相和、以歌传情,农闲节假日的来客拦路对歌、通宵盘歌及大型歌会的男女赛歌,传师学师、婚丧嫁娶等神圣空间的仪式性主唱、和唱、答唱、对唱等种类。

浩如烟海的畲族山歌及其日常化、仪式化歌俗,折射出长期处于边缘化处境的畲民族"心之忧矣,我歌且谣"式的达观。他们以舒缓的语调吟唱着自己的民族史诗《高皇歌》,用"歌言"寄托着慎终追远的民族情怀,传承着沧桑的民族历史记忆,化沉重为恬淡。他们以山地、农耕、家园等畲民生命共同体为对象,以随编随唱的歌唱智慧,表达其执著的山地农耕文化精神。他们常用抒情的韵律来化解生活的凄苦与劳作的艰辛:"其出而作,男女必备,皆负末负薪于青峰绿野间,倚歌相和。"其"以歌代哭"式葬俗则以"长歌当哭、远望当归"的独特方式,在世释该民族豁达的生命观、超远的人生终极关怀的同时,履行着现实社会的教化功能。至于畲族婚俗则宛如一曲跌宕起伏的竞技式浪漫歌剧,既有新娘婚前至舅家村落被"检验歌才"的"做表姐"等序幕式婚嫁歌俗,也有婚礼过程小"拦赤郎"、"借错"、"举位"及男女双方歌手通宵对歌、新娘黎明上路,与新郎同持一伞,且歌且行等充满着诙谐、欢乐浪漫的高潮式婚嫁歌俗,还有新婚女子至男方姑家村落刘歌的"做表嫂"及新婚男子首次至岳父母村落被拦路对歌的"做女婿"等尾声式婚嫁歌俗。

融竞技性、娱乐性、日常性、仪式性于一体的"生命如歌"式的畲族歌俗,更体现了无文字、高度散杂居的畲民族的智慧性文化记忆模式:儿童期口传心授或耳濡目染的"歌教"是畲族个体濡化的路径。成年个体则通过各种礼仪场合的"斗歌"表演,扮演着自己应尽的仪式角色并接受集体的检阅,赢得赞誉、爱情、声望或接受尴尬、戏谑。"斗歌"现场内音乐的艺术感染与群体观摩、评判的激情营造出"集体欢腾"和"社会压力"的双重氛围,歌者与观众在共鸣与鞭策中获得彼此的角色体验,在兴奋与焦虑中自励、互勉。集体记忆也最终在立体、多维的个体与群体的互动场景中不断强化。

集文学、音乐、表演、礼俗、节庆、娱乐等于一身的畲族歌俗,其间蕴涵着珍贵的历史、文化信息及审美、精神价值。畲族主要分布地闽、浙等省分别以口头艺术、人生礼俗或文化空间等多样态形式将其列入"非遗"名录。然而在世界性现代化语境中,尤其是在全球化背景下,处于国际国内"双重"边缘化境地的畲族歌俗难逃快速濒危的命运。事实上,随着畲族农耕生态文化环境的改变,诸如现代资讯的快速发展、社区成员的频繁流动、文化传承人的断层,尤其是畲族民族地位的提升,畲汉互动的日益加深以及记忆媒介的多样化,口传记忆的弱化等多重因素的交织,对畲歌及歌俗进行单一的"原生态"保护已很不现实。故有必要从文化稳定与文化变迁辩证统一的角度对其进行创新式保护:

首先,继续强化各级政府有关部门的支持功能,收录更多的流传于不同地域的传统畲歌及唱本,同时让更多的歌手进入畲族社区、畲族中学及各种礼俗节庆文化空间进行活态传承。

其次,更多的文化主体及相关专业人士参与对传统畲歌的创新。随着1950年代国家民族平等政策的实施,用畲语维持族群边界的文化生态已消逝,因而对传统畲歌运用双语演唱或曲调的创新既有可能,也有必要,并不影响其文化本真性或精神价值。事实上,基于主位的畲族歌谣学术研究层面的创新式活态传承保护已取得初步成效。前者以福建师范大学二十多年来专攻少数民族音乐的蓝雪霏教授为楷模,后者以福建宁德畲族歌舞团畲歌王子雷志华历经十年努力改编传承现代新畲歌为代表。①

总之,"非遗"创新式保护一方面要遵循文化变迁规律,以开放性文化心态和全球化视野,以文化主体认同和更好的持续性活态传承为原则,以文化客体与文化主体相容共生为理念;另一方面,不能为融合市场、追求短期经济效益、竭泽而渔式地主观地臆想、肢解传统文化遗产。

七、文化的物化载体保护

物化载体不是指物质文化遗产,而是指非物质文化遗产的记载方式和物化。非物质文化遗产的保存与保护重点是记忆的保护和对传承人的保护,记忆的保护即是以物化载体的方式进行记忆和传承。传统的传承是依靠人的大脑记忆,并通过传承人的言传身教进行传承,这种单纯依靠人的记忆去保存与保护,极易失传,显然具有极大的风险性。现代社会,可能把文字、音像等通过物化方式进行记忆和传承,这就为我们提供了长期历史积淀的丰富多彩的非物质文化遗产,通过

---

① 参见王逍:《人类学视野中非物质文化遗产的创新式保护》,原载《非物质文化研究集刊第一辑》,学苑出版社 2008 年版,第 68 页。

有限的空间和时间去进行有效保存和保护,从而使非物质文化遗产的保护工作更易于实现规范化和科学化目标。因此,如何借助数字信息和网络技术以及虚拟现实技术,加强对非物质文化遗产存在的形式的保存与保护,是值得重视的一个重要课题。致力于非物质文化遗产数字化保护研究和开发,是对非物质文化遗产保护的较为合理、有效的解决方法,这些内容大致包括:

(一)对非物质文化遗产进行学术分类。进行图、文、声、像相结合的立体方式记录普查以及采用数字化的方式整理、分析、存储,保存文献、图片、声音、影像及历史资料,建立图文声像各类数据库、完成非物质文化遗产的数字化保存与存档。

(二)建立非物质文化遗产的展示系统。综合各种媒体信息,在虚拟场景中混合视频、音频、图片及文字建立场景的混合模型并进行协调展示,实现对工艺流程的详细表达、工艺存在的文化状态、物品的选择展示、民间艺人档案、传播传承方式的再现交互功能。支持环境漫游,能够在任何具有多媒体展示设备的条件下进行现场展示与宣传,供人们查阅、了解、认识和掌握,有助于民间艺术的传承和发扬。

(三)开发非物质文化遗产的数字化技术。如虚拟修复与演变模拟技术,可应用于濒危遗产的现场调查和保护修复等各个环节,实现艺术品的虚拟复原与演变模拟。数字化故事编排与讲述技术,具有自动对故事编排、导演的智能,且具有交互性,可应用于口头非物质文化遗产的保护。数字化舞蹈编排与声音驱动技术,它的核心就是保护各种重要舞蹈文化的视觉效果与声频。数字化图案、工艺品辅助设计系统,可以对已有的典型图案、工艺品进行创新设计,这有助于非物质文化遗产的保护、传承与发扬。

八、文化空间的载体保护

各民族世代累积下来的非物质文化遗产异常丰富,门类众多,而又呈现流动的、不固定的活的形态,其展示所需要的属于物质层面的文化空间也呈现出纷繁复杂的状况。如村落(社区)、宗教场所、自然生态环境都是产生口头和非物质文化遗产的重要的文化空间。"文化空间"是非物质文化遗产不可或缺的生存、传续和发展的载体,关于文化和种种表现形式都必须存在、依托于某个特定的"空间",并且依赖相应的资源和其他社会、自然结构,所有学习过程、知识、技术和创造力及其创造的产品如果脱离了这个空间,都将无法存活和继续衍生、发展。因此,文化空间的保护对于非物质文化遗产的保护尤为重要。

(一)村落(社区)保护

以地理范围选择那些特定地点——村寨、乡镇(社区)的民族传统文化空间加以保护,使各民族非物质文化遗产依托物质载体,在适宜其生存的环境中原状"活态"地保存与传续下去。目前村落(社区)的保护形式主要有生态博物馆、民族传统文化生态村等,这些不同名称的"文化空间"保护形式,均着眼于当地社区的非物质文化遗产原地保护和传承，① 使人、物和环境处于固有的生活关系中，从而较完整地保留社会的自然风貌、生产生活用品、风俗习俗等文化因素的一种理念。在我国西南少数民族地区建立了一些尝试性的保护区或保护点，如前所述贵州的四个生态博物馆，它们的建成开放，使这些村落的历史过程得以贮存、传承、延续和发展。在具体实施村落保护时，应视文化空间为现在"活"的传统文化资源，并与孕育、产生、滋养该资源的生态环境成为一个结合体，保持当地文化的原本状态；建立民族传统文化传习馆，"进行时"的民居博物馆等，成为传统文化精髓的活动点、展示点；以文化拥有者即村民的自觉保护为中心，在政府领导和专家指导下，由当地民众自行管理，依靠自身力量运作发展；强调优秀传统和现代文明的结合；重视发展经济，消除贫困，努力实现文化、生态的多样性保护和社会、经济、文化的和谐与可持续发展，当地人民政府应给予政策上的优惠照顾和资金上的大力支持，省文化行政民族事务、旅游部门适当给予补助，同时通过地方立法进一步确保村落（社区）的保护实施。

（二）自然生态环境保护

任何一种非物质文化遗产，其创生与传承都与特定的环境休戚相关，因环境而生，因环境而传，因环境而变，因环境而衰，这种环境反映在非物质文化遗产文化空间中就是它的本

---

① 杨雪吟：《生态人类学与文化空间保护——以云南民族文化保护区为例》，《广西民族大学学报》2007 年第 3 期。

土性,也应是它的本土环境。本土环境最少涵盖两个层面:一是特定文化空间的自然、气候条件;二是特定自然空间的文化、文明条件。蒙古族长调产生于草原独特的生态环境中,那千回百绕、跌宕起伏、忽而高亢,忽而低回的旋律中能产生在辽阔无垠的大草原。侗族长期在优美清新的自然环境中繁衍生息,优美的田园生活环境和单纯的男耕女织的农业劳动生活,使歌手们对周围环境那富有音乐感和节奏感的大自然和声产生深厚的兴趣和广阔的联想,形成了他们本能的无意识的模拟对象,成为直接认识和模仿的音乐原生态艺术,这些便是形成侗族产生和声、复调音乐的自然生态阐释。没有自然生态环境,非物质文化就失去了其产生的源头活水,赖以成长的自然环境如果发生了较大变化,非物质文化遗产的传承将构成威胁。非物质文化遗产的生态特征决定了对某一具体事象进行保护时不能只顾及该事象本身,而必须连同与它的生命休戚与共的生态环境一起加以整体性保护。因循自然环境,有效利用自然资源,营造出人与自然和谐共生的人居环境机制。加强环境立法和管理,强化环境保护的宣传和教育,提高其对自然环境保护价值的认识,产生参与环境的自觉性,建立切实可行的环境补偿机制和对破坏资源、环境的惩处机制等。

九、文化遗产博物馆、文化馆和研究基地的建设

从社会系统层面上说,博物馆等机构应做好对非物质文化遗产的普查和记录建档工作,这是构建物质形态文化环境

的先决条件和基础,通过普查工作深入了解,挖掘存在的非物质文化遗产,并对其进行记录归档。由于非物质文化具有很强的"生命性"和"活态性",不像有形文化那样是静止不变的,因此,对它的记录和保存不能仅仅采取单一的文字方式,而应是采取录音、录像、拍照、文字等多种方式,进行真实、全面、视听结合的立体记录。另一方面要定期或长期在图书馆、文化馆等场所进行非物质文化遗产多种形式的陈列展示或者演示。如图书馆可设立专门的"非物质文化遗产"专架,提供与非物质文化遗产相关的丰富的文献信息资料;也可利用自身的资源和功能优势,宣传和介绍非物质文化遗产的各种知识,如专题图片展览、声像展览等。博物馆等机构则可提供专门的展览中心,陈列展示与非物质文化相关的物品和声像资料,并可依托馆藏的有形物品,对无形的非物质文化遗产的制作技艺、习俗礼仪等过程进行充分的展示。各地的博物馆、文化馆等还可邀请当地的民间艺术、民间技艺的传人、大师等来馆展示他们的技艺、绝活等。多种场馆对非物质文化遗产的陈列展示能大大增加社会民众接触和了解非物质文化遗产的机会,在无形中提高他们对非物质文化遗产的认知和关注程度,同时也为非物质文化遗产提供多样化的展示空间。

对特定服饰、手工制品、宗教器物、生产生活用具等,进行分门别类地记录、收集于当地博物馆,并由相关人员专门研究,以备今后仿制,在条件成熟时,采用生态博物馆保护模式,因为生态博物馆是非物质文化遗产的基本形式、内容、风格、特点等得以保留的最好的形式之一,强调文化遗产原状地、动态地、整体保护和保存在其所属的环境中,包括自然景观、建筑物、生产生活用品等物质和非物质的所有文化因素均在保护之列。民族民间艺人的保护。各地应尽快调研和普查属地的非物质文化遗产,并进行评估和整理,建立真实的资料档案,尤为重要的是对艺人档案,将其纳入特殊人才库,并支持和鼓励民间艺人带徒授艺,参与乡土文化教育,使他们的手艺技能成为当地发展致富的有效手段。

对于有形文物来说,博物馆是其最后的归宿,作为遗产守护者的博物馆承担着保护非物质文化遗产的重任,不仅可以扩大博物馆的收藏范围,给博物馆带来新的视觉和生动的内容,也必然带动科研、展示、教育、传播等各种功能的扩大与改观,为博物馆注入新的活力,然而,非物质文化遗产与物质文化遗产相比,在保护手段、力式上,存在着很大的差异性。即便可以通过声像媒体文字把一些非物质文化遗产当前状态记录下来、形成录像录音,但有生命的文化表现行为通过外部的人工保存,已经变成了冻结时间和空间的"化石"。因此,博物馆所能保存的仅仅是停留于某一时代的物化形式而已。非物质文化遗产的一个本质特点是依附于个体的人、群体或特定区域、空间而存在的,其核心主体是人。一旦失去了联结其社区群体渊源相关的支点,便不能再被传授相继承。因此,除了收集、整理和保存那些物质性的载体或通过记录等手段将其物质形态化外,更重要的是通过传承、教育等手段使之在众人、群体、区域社会中得以现实延续和发展,这样才能实现《公约》所确定的"传承弘扬"的目的。

第四节　非物质文化遗产与地方
族群根本利益的关系

一个族群的非物质文化,是她独有的民族精神全民性的活的记忆,是文化认同的重要标志,是维系族群存在的生命线。这条生命线一旦遭到破坏,地方族群文化的基因及生命链将出现断裂变形,族群的存在也会随之发生危机。

一、文化空间与地方族群生活方式的关系

一个族群的非物质文化遗产与这个族群的生活方式有着深厚、复杂的内在关系。非物质文化遗产是有主体的,它的主体性中首先当然要考虑到创造遗产的那群人,他们是主要的发言者,这是首先要强调的。从文化发生学的宏观角度来看,作为一种文化现象的任何一种文化遗产,在其特定的历史阶段中,都是由某一个人或一个群体创造出来的,并进入实际存在的状态。所以文化遗产的创造者,遗产所产生的特定的历史阶段和在地理学意义上的地域空间,是遗产内在价值的最核心的因素。因此,在对具体的文化遗产进行解释时必须从它的历史性、时空性以及主体性等相互关联的角度来考虑问题。否则,后来将要进行的一切实际操作必然失去正确的方向。从严格意义上讲,对文化遗产进行解释的就是遗产的实际主体。

　　从目前客观存在的具体情况来看,作为遗产的真正意义上的主体,并对遗产最有发言权的群体,因包括政治、经济、权力话语在内的种种原因,失去了他们在对遗产进行解释以及保护等一系列环节中的主导性,无法主动进入并参加文化遗产解释以及保护的实际操作过程。这种情况往往导致对遗产进行最有把握的,最合理的解释归于失语。结果,造成对遗产应有的理解解释以及在实际解释过程中产生了巨大的实质性差异。比如我们大家都熟知的维吾尔族的"木卡姆",在一系列舞台化仪式化的程序之后,已经改变和失去了它原有的存在延续规律,失去了它的内在价值,这使得许多文化遗产的保护行动将文化从整体中剥离开来,族群的文化核心丧失,文化作为族群的生活方式,已经不复存在。

　　在笔者看来,文化遗产所产生的文化空间本质上与遗产的价值成分具有同质性。也就是说,文化遗产的这种特征如果进入不同的文化空间,那么它肯定会失去其原有的民族性历史价值。遗产价值的永久性存在,往往由其本身沿袭下来的逻辑规律所支配。总的来说,遗产主体性结构的多元性要求遗产管理,保护模式的灵活性。因此,我们尽可能有非常综合的、多方面的眼光来考虑与遗产密切相关的所有问题,以确保对遗产进行最合理的、最实际的、最公正的解释,并进行保护,实现解释的理念和解释实践之间的一致性。

二、文化记忆与地方族群文化认同的关系

与有形文化的单一性、排他性以及在另一时空的不可再

生、不可复制的特点不同,口头和非物质文化遗产本身就具有
共享性,变异性(多样性)的特点。因而也就具有传播,享用
的广泛性,[1]但是,当文化成为一种商业资源,一种可以获取
利益的手段的时候,这一文化的享用者——我们就有可能最
大限度地寻求对文化的垄断。垄断诉求一旦出现并被付诸实
施,就可能在保护此一群体的文化遗产的同时,伤害到另一群
体的文化共有和共享。口头与非物质文化遗产的保护不应成
为特定群体对某种共享的文化资源的独占,此一地方、此一群
体的非物质文化的保护行为不应成为剥夺和排斥其他地方、
其他群体同型文化享用的借口。我们在工作中要十分注意尊
重文体共享者的价值认同和文体认同。尤其是要关注发掘特
定群体、地区和民族的文体特质,因为其中可能隐含着民间文
化传承、再生和发展的生机,促进和保护文化的多样性发展,
才是我们努力追求的目标。

　　日常生活层面不经意的生活技艺和生活习惯,这是民族
或族群生存的经验和智慧的结晶。如传统节日,它不是哪个
先哲拍拍脑袋幻想出来的,而是先民在其特定的生存环境中,
对宇宙生命(天体运行、万物生长)与人体生命节律交织的心
灵感悟和文化展演;是地域族群文化生命周期的关节点和民
族文化生命——民族精神的重要标识,是人类在不同领域中
形成的群体性代代相传的思考原型与行事方式。它具有对后

----

　　[1]　刘魁立:《非物质文化遗产及其保护的整体性原则》,《广西师范学院学
报》2004 年第 4 期。

继社会行为起规范化模式和思想感召力的文化力量。在现实中,它以有形的物化形态、无形的心意表象,通过节日的载体,沟通了代与代之间,一个历史阶段与另外一个历史阶段的连续性和同一性,构成了一个社会创造与再创造自己的文化密码,并为人类的有序发展、现代民族的凝聚力的增强奠定了基石。因此,一个社会的现代文化,不可能完全破除民俗传统文化,而只能在其传统基础上有所选择、有所创造的改造。

相对于其他民族来说,民族精神往往是以文化遗产为载体的民族的自我意识和自我认同,是理想信念、人生观和价值观中的独特的"我们感",以及思维方式和行为方式中集体无意识和有意识构建的人格体现。比如,世人在发掘和推广梁祝文化遗产的过程中,一些地方为"正宗"的梁祝遗存地展开激烈的争夺。浙江杭州市、宁波市、上虞市,江苏宜兴市,山东济宁市,河南驻马店市四省六地,现在又有安徽省六安市的加盟,中国梁祝遗存地已发展到五省七市。

不过,梁祝故事的真正价值不仅仅在于它有多少固态遗址,而是在于今天它是否还拥有延续的文化生命力。梁祝传说的震撼力,在于生死的恋情。古往今来,人们到梁山伯庙烧香祭奉,主要目的是祈求婚姻的生死相随、美满幸福。如宁波一带,相传凡是青年男女两情相悦、自愿结为夫妻,在有人出来干涉、从中作梗的紧要关头,就会双双到梁山伯庙里走一道,祈求梁山伯和祝英台灵魂帮助他们,使他们称心如意、姻缘美满。宁波有句谚语:"若要夫妻同到老,梁山伯庙到一到。"当地还流传着这样一首歌谣:"梁山伯庙去烧香,拜拜多情祝九娘。少年夫妻双许愿，不为蝴蝶即鸳鸯。"因此，年轻夫妻必到梁山伯庙祭拜，已成宁波地区人们的普遍行为。这种习俗不知影响了多少代宁波人，其价值怎么表述都不会过分，是无法估量的。

这种习俗还延伸到了其他地区，如在浙江杭州民间也流传着一句意思相同的俗语："若要夫妻同到老，双照井中照一照。"梁祝的习俗和文化，对于当代倡导纯洁、忠贞不渝的爱情，建设和谐社会有积极的意义和价值。梁祝传说在流传中，衍化出生死相随、"合家化蝶"的结局，给人以极其强烈的情感震憾。它艺术地展现了千百年来，生于斯、长于斯的越地民众强烈的生生不息的生命意识，将传说包含的民族文化精神，推向了更高的层面。[1]

三、文化意识与地方族群文化传承的关系

从民族角度看，文化遗产是对一个民族文化意识的唤醒和强化任何民族所创造的文化，都是其民族精神的体现。但相对而言，对于民族精神的传承，非物质文化占有更为重要的地位。这是因为，物质文化的载体已被物化为恒定的形式，表现为历史的、静止的，不可再生的特征，它的精神蕴涵隐藏很深，已远离它的生态环境，如果没有相应的文化修养，不能潜

---

[1]　陈勤建:《寻找我们民族的精神家园——当代中国的非物质文化遗产保护》，原载《非物质文化遗产学论集》，陶立璠、樱井龙彦主编，学苑出版社2006年版，第317页。

心感受和解读,是很难把它全部激活、接受和传递的。而非物质文化的载体则是具体的活动过程,表现为现实的、活态的、不断生成的,同时它就在民众的真实生活之中,成为他们日常经验的一部分。其精神蕴涵有如空气和阳光,可以直接被人们所吸收,并在经常性的活动中世代传承。一个民族的非物质文化,是她独有的民族精神全民性的活的记忆,是文化认同的重要标志,是维系民族存在的生命线。这种生命线一旦遭到破坏,民族文化的基因及共同生命链将出现断裂变形,民族的存在随之发生危机。因此,面对当今强烈的"全球化"、"一体化"的冲击,对这种文化的保护,实际就是对一个民族精神的呼唤、认同与养护,也是一个民族沿袭和发展的必要条件。在人类历史上,因为自身文化的失传或被强行割断而解体乃至消亡的事实,深刻地说明了这一点。

非物质文化遗产尤其是口头文化遗产,具有广泛性和共享性的特点。作为一个多民族的国家,我国的情况就更是如此。我们要特别关注中国多民族的历史和现状对口头和非物质文化遗产的影响。许多口头和非物质文化遗产不是特定民族、特定地区、特定群体独创独享的文化。例如,花儿就是由多个民族群所保有和传承的。马头琴艺术、阿肯弹唱、木卡姆传统艺术等等同样是我国有关民族的历史悠久、内涵丰富、根基深厚、枝繁叶茂的优秀文化遗产。我们保护遗产,就不能忽略其中享有和传承这一遗产的有关族群的响亮声音,无论是出于什么样的考虑,文化保护的过程都不应成为文化垄断的过程,不能因为遗产保护的立项而把这一或那一共享的群体割裂开来或者排斥出去。不能把民族团结和人类交流的凝合剂变成影响团结交流的障碍。跨群体、跨地区、跨民族的非物质文化遗产保护应该共创、共享该文化的各群体、各地区、各民族的共同权益与责任。从文化保护的前提原则转入具体的应用实践，我们已经看到国内外诸多成功的文化实践，它们推动了地方少数民族传统文化知识的传承与创新，并在公平受益和争取少数族群权益的问题上，为地方政府实施少数民族文化保护与应用的政策提供了重要的参考。

第五节　非物质文化遗产与地方社会整体发展的关系

非物质文化遗产是我国现阶段文化的主要形态之一，而其非文字、口传身授的活态文化传承方式，决定了文化传承主体的身份。从人类学意义上讲，在中国，非物质文化保护关系到地方社会文化价值的重构与塑形，关系到地方社会文化自觉与民族国家文化主权的维护，关系到地方社会文化生态的维护与培育。

一、地方社会文化价值的重构与塑形

非物质文化的传承保护，首先是一个多层面的社会实践课题，而非单一的学术问题。以往我们的精英以学术为本、以学科为本、以学院为本，民间文化大多充当了学术素材和著作

文本的下脚料，这种学术价值观有学术的一面，但过于精致与机械式的梳理，缺乏人文伦理的关怀。

速度、模式、虚拟性等等为表征的社会发展挤压着人性的光芒，事实上，急剧变革的社会现实已远远超越了学术和文化体制的发展。这时候，非物质文化保护已共同把时代发展的焦点聚在了中国的大地。我们还没有以一种更智慧可行的理念把那么多问题整合在一起，学术在现实面前显出了苍白和乏力。在文化观念含混不清的今天，我们应当自觉地反思和承认，我们主流文化价值观中的许多东西已经开始显得有些"萎缩和陈腐"了。

近几年来，全国各地急剧升温的非物质文化遗产申报热，自觉或不自觉地夹带着诸多功利主义色彩，许多人注重的还是非物质文化相关的"物"和事象化的文化样式，最为要紧的是，不少学人还将文化与经济发展作为正比例来解读。这种文化价值观中潜藏着简单机械的文化新旧之分说，把乡村和城市作为一种新旧对立的物质形态来决定社会发展的取舍。我们还不能从一种客观、健康、具有历史和未来文化视野的文化资本观去判断乡村和城市的文化资源。

二、地方社会文化自觉与民族国家文化主权的维护

非物质文化遗产是维护我国独立于世界文化之林——文化身份和文化主权的基本依据。非物质文化遗产的保护，就是要守护一个国家、民族的精神家园。要保护对象，在一地传统生活文化根基上原真性或原生性地沿袭传承。国家作为多

民族共同体,广义地讲就是一个大民族,所以国家一般也是民族国家。这个大民族在长期的历史发展中,形成了共同的民族精神和文化传统。这是一个民族区别于另一个民族的根本性标志。在这标识物中,非物质文化具有特殊的意义。它衡量一个民族国家深入脊髓的文化积淀,也是她独特文化身份、文化个性的确证。正是依此,民族国家的自尊和自信才能够确立起来,才会形成深沉而博大的凝聚力。这种文化精神的力量,在常态下大多不为人们所关注,但遇到民族国家危急的特殊情况,便即刻凸显出来。

进入 21 世纪,随着数字化浪潮推演而来以及文化霸权主义的出现,在异常复杂的国际背景下,对民族非物质文化遗产的保护,又具有了新的国家意义。一个国家要在世界上树立独特的个性与形象,就必须对文化主权领域进行保护。文化主权,是一个民族国家政治独立的精神基础;如果后者是其外在标志,前者便是内在灵魂。一个民族国家如果失去这个灵魂,她的政治独立也将仅有其表,最终会沦落为他人的附庸。在当今世界一个民族文化主权的丧失,有两种可能性:一是强势异族凭借先进的高科技手段强行占有解释权,一味地灌输自己的价值理念,造成弱势民族国家文化的基因断裂;一是弱势民族自身缺乏文化主权与文化保护的自觉意识,在异族强势文化巨大的冲击下自然失守。其结果,将导致一个民族迷失最基本的认同依据,在文化的根部动摇归属方向,找不到精神的国籍,这将是灭顶之灾。在这种情况下,加强非物质文化遗产的保护,无疑是一种行之有效的对策。当一个民族从总体上提高了文化主权和文化保护意识并积极付诸行动的时候,必然能在文化自觉中觉醒和奋起,继承创新,全面走向繁荣和复兴。

三、地方社会文化生态的维护与培育

在现代生态学理论中,有关人类发展与自然环境相互关系的学科理论体系,已经开始自觉地将自然和技术科学、社会和人文科学,以及综合性学科有机地整合在一起,形成生态现代化的思想理论基础和学科知识体系。其中有关生态文化的理论、环境历史的观念和可持续发展的思想,可以作为我们对人类文化生态观念基本内涵理解的基础。① 人类的存在与发展,除了需要自然生态环境外,还需要有文化生态环境。人类存在的文化生态环境,是根据人类不断创造的文化历史发展与社会生活环境建立起来的一种生态结构。这种文化生态结构具有生态化的平衡特征与有机性的存在本质,同时还具有不断延续的生命存在状态。人类文化状态是人类文化的社会性、历史性和综合性的文化生存状态。社会性是指人类文化生态具有不同的社会阶段与社会结构特征,历史性是指人类文化生态具有纵向的历史发展的传承性与延续性特征,而综合性是指人类文化生态是开放的状态而不是自闭的状态,是有机的存在而不是无机的存在。如果说自然生态环境为人类的生存与发展提供了各种自然资源与物质财富,而文化生态

---

① 参见《生态现代化的学科背景》,中国环境生态网(www. eedu. org cn)。

环境则是人类在生存状态中自觉建立精神家园与行为准则的文化源泉与思想宝库。

当今世界,试图用一种文化一统全球的势力和企图或明或暗地存在着。这种存在,严重威胁着其他弱势民族文化的正常发展。换句话说,倘若没有各个不同民族文化的正常发展,人类的文化生态必将失去平衡,从而减弱甚至丧失其内在的生命力、创造力,造成整体性残缺与萎缩。那将是人类的巨大不幸,要避免这种悲剧的诞生,世界上各民族必须行动起来保护非物质文化遗产,保护我们赖以安放心灵的精神家园,这也是保护人类文明的生态平衡,保护人类精神与文化的多样性、创造性,从而为人类文化的健康发展以及人类在文明的阶梯上不断攀升创造更加丰厚的文化基础。从现实情况看,世界上已经形成了大国的文化霸权,这不利于人类文化多样性的发展,"非遗"立法就是为了保护更为多元的文化。保护一个国家的文化,就是保护身份认同的标志,提高民族文化凝聚力。"非遗"立法是推进文化发展的一个重要手段,是为了保护我们的民族文化在人类舞台上发挥更大的作用。

四、地方文化资本在社会建设中的功能

从一定意义上讲,"文化"也可以说是人们生活的意义生产与运作,换句话说,我们生活上的各种活动是在特定的文化中来得到意义,特定的文化状态也支持着特定的社会意识与权力关系。不同的社区居民意识与地方权力结构将会产生不

同的文化样态;相应的,不同的文化样态,表征着社区可能发展的走向、潜力或局限。因此,从地方文化主体意识出发的"文化资产",是指社区居民自省地思考及努力营造地方生活品质时,重新认识的在人、地、事、时、物等方面的历史文化与丰富资源,并赋予新的意义与风貌。它包括五个领域:

1. 人的文化资产:对地方有卓越贡献者,技术高超者,人际网络与社会组织特色、生活风俗等。

2. 地的文化资产:自然景观、自然资源、地理地貌等。

3. 事的文化资产:文化设施、文化活动、祭典等。

4. 时的文化资产:历史掌故、民间文学、历史建筑、古迹、古物等。

5. 物的文化资产:农林渔牧加工品、工艺品、工业产品等足以呈现特色者。①

地方文化资产的认定,不是静态的、固定的、单一价值的、单向的、权力决策的,因为社会不断地变动,社区人们的价值观与生活形态也会变动,因而对于地方文化资产的认知与感受也会是动态的。

无论任何地方都不断地在传统历史中创新,一方面自我净化不需要的杂质,一方面则积极地新陈代谢,创造崭新的文

---

① 林崇熙:《在地观点的文化资产保存——兼论地方文史工作室之角色》,原载《非物质文化遗产学论集》,陶立璠,樱井龙彦主编,学苑出版社 2006 年版,第 243 页。

化资产。在不断超越创新和自我创新的背景中,积极地反映出地方人心。也就是说,地方文化资产认定的样态是动态的、多元价值的、生活的、互动的、草根的。

　　然而,在中国许多地方社会,有许多具有历史积淀和文化多样性的地方性遗产,但这些遗产既进不了世界遗产名录,也进不了国家文物的评选,它们大多用作为资本意义上的遗产给予保护。但非物质文化传承,剥离了土地和村庄的背景要素,是不可能单一存在的。无形精神的存在不是一种表面的事象,它依赖于多种物质载体和媒介去实现,也是乡村社会生活形态整体存在的反映。从人本的角度考虑,乡村社会的衣、食、住、行涉及有形与无形文化,涉及生产、生活、自然生态等多种复杂的因素,不考虑到乡村文化传统发生学和传承意义上的共生存在现实,非物质文化遗产会把遗产从活态变为静态。另一方面,非物质文化遗产保护考虑的是代表作或代表性遗产类型的保护,其要素中强调濒危性。但对于占人口多半数的中国乡村,非物质文化大多是生活常态意义的习俗文化而非遗产,许多文化传统还在日常生活习俗中使用着,抽离开乡村现实生活的文化保护能否长久,是否还能保留文化实际的功能作用和本质意义,也是颇值得深思和怀疑的事情。现在的保护理念夹带着自上而下、由外及里的性质,传承才是非物质文化保护以人为本的价值选择。问题是以历史的发展规律来看,传承是一种文化基因意义上的价值观继承,而文化样式是随着时间而发生变化或更新的,这是国民文化活态性重要的特征。所以,我们只有从文化资本的角度去看去理解,才能可操作性地实践非物质文化发生、传承、发展、保护等多方面因素互补互动的联带关系。

"非物质文化保护和'三农'问题、农民工问题、乡村的土地问题、自然生态问题等都是联在一起的,没有一个整合的思维和整体性的社会发展视野,会使各种问题的解决无法真正实现。"①如果我们认同乡村存在着文化资本的价值观,我们就会以乡村为本,以农民为本,去思考新农村建设的棘手难题和二十多年后还有四亿农民如何在乡村土地上生存的问题,去发现和维护乡村文化多样性标志性符号资本,这些正是乡村走向现代的身份资本。问题的关键在于,是让农民走进城市实现现代化,还是让农民在乡村的土地上实现现代化,这可能是双重因素都存在的问题。但当务之急,以经济建设为主导的新农村建设正以国家行为拉开序幕,但乡村文化资本的概念和价值观还没有被社会重视起来,乡村是被作为改造的对象,被当做落后、陈旧、亟待拯救的对象去看待的。乡村的文化资本价值和活态文化基因库的价值没有进入国家文化财富成本计算的视野。而农民群体传承拥有的活态文体传统,其文化身份和文化价值远没有得到社会化的尊重和认同,他们的文化权益和文化利益如同他们的公民权益和公民待遇一样是残缺和没有健全保障的②。官方对于地方事务或民间需

---

① 乔晓光:《中国多民族乡村的文化资本和新农村建设》,《美术观察》2006年第6期。
② 乔晓光:《中国多民族乡村的文化资本和新农村建设》,《美术观察》2006年第6期。

求常常有一定的落差,或常以普遍性的想法来涵盖各地的特殊性,造成文化资产的损伤,因此,应充分认识到地方文化资产在社会建设中的功能。

结语：歌谣唤醒的社会运行力量

在 我国古代文论中，歌谣一向被称做"风谣"或"风"。所以把歌谣说成是"风"，是因为歌谣总是伴随着时代的脉搏和变迁，能动地反映时代和社会的面貌，对世事和世相及时作出来自社会底层的评判——太平或乱世，前进或倒退，和平或黩武，得道或失道……总之，歌谣既是一个个体温暖的文化记忆，也是一个民族性格、精神等情感模式和行为模式的重要载体；歌谣记录的是一个国家和民族民众生活的历史，歌谣本身已成为思想史、经济史和文化史研究的重要资料。

进入 21 世纪，歌谣研究的意义与价值日益凸显。歌谣数量上的不断增加，体现了民众话语空间的扩大及意志的自由表达，在歌谣中体现出民众的价值取向、文化心态、宗教信仰、思想观念的嬗变，歌谣成为解释历史的新资源、考察民众意志的重要线索。歌谣极强的尖锐性和矛头指向，反映的是民众对复杂敏感的社会政治现象的自主认识，是了解和研究一个民族最直接最生动的材料。

"当中国社会处于经济转型和社会转型的关键时刻，民众思想观念和生活方式的转变必然表现在民俗文化的变化上,这是不以人的意志为转移的客观现实。"①无论是中国的城市,还是农村,这种变化随处可见。歌谣,作为一种口头传统,与族群的生产方式、生活方式、民俗以及审美理想有着密不可分的联系。一旦这些因素发生变化,歌谣也会相应的受到影响。当今社会,民众文化程度的普遍提高使得口头文化向着书面形式转变,大众文化的冲击使得原本就不受重视的口头传统更加边缘化,歌谣这种非物质文化遗产亟待关注与研究。

在现代化社会进程中,作为国家行为的"非物质文化遗产"的出现,是民间文化在现代社会中所面临的新课题。正是由于非物质文化遗产与地理环境、社会环境、文化背景紧紧地联系在一起,作为"非遗"保护的民间文化的基本生存样态必然受制于社会整体,与物质生活和精神生活、物质的社会关系和观念的社会关系,以及各种群体组织、社会文化、规范制度以及社会和谐与社会冲突、族群变迁等有着密切的关联。

曾经有一个伟大的先哲,他勇敢的足迹踏上了美洲,在丛林与荒原之间苦苦寻觅早已消逝在时间烟尘里的玛雅文明,面对布满天寂、杳无人迹的部落遗址,他对自己的心灵说:"是的,他们活过了,就在这里,他们留下了悠远的暗示",生命图式的自我展开、实证与雕刻,这就是玛雅人带给文明的启

---

① 冯骥才主编:《守望民间——中国民间文化遗产抢救工程》,西苑出版社 2002 年版,第 134 页。

悟,也是许多非物质文化遗产带给我们的启悟。面对浩如烟海的多民族非物质文化传统,我们应当冷静清醒地看到,中国作为发展中国家现有的经济实力以及相关的社会及文化创意管理水平,我们面临文化保护的经验和智慧应变的管理能力等多方面都还存在着许多艰难棘手的问题。中央美术学院乔晓光教授说:"中国非物质文化遗产的传承保护不是个别遗产类型的特殊性研究,而是常态性文化的普遍性研究;是实践的学术,而不是学术的实践;是国家文化理念与民间生存情感的互动发展,而不是国家颁布政策、民众服从执行的被动式工程;是民族文化或持续创造发展的社会问题,而不是游离于现实生存发展的文化运动;是文化资源向文化资本转化的问题,而不是文化样式走进博物馆的问题;是文化资本向民族社区符号资本经济多元的价值选择,而不是单一追求经济资本的问题;是以人为本的课题,而不是文本的项目。"①人类既有一个共享的生命世界,也有一个共享的文化世界。非物质文化遗产就是为这个共享的世界提供了个体的、区域的、民族的生活经验、生命图景和精神形态。

　　与物质文化遗产和自然遗产相比,非物质文化遗产更注重以人为载体的知识技能的传承。非物质文化遗产打破了大传统和小传统的人为屏障,消解了上层文化和下层文化的界线。从另一个侧面,认同了人类文化的一统和文化价值的相

---

　　①　乔晓光:《中国多民族乡村的文化资本和新农村建设》,《美术观察》2006 年第 6 期。

对性。非物质文化遗产形态展示了人类现行文化知识体系的学科分类的重新勾画。作家切斯瓦夫·米沃什说："我到过许多城市、许多国家，但我没有养成世界主义的习惯。相反，我保持着一个小地方人的谨慎。"一个村庄就是一个世界，这正是非物质文化遗产标志的独特个性和永恒魅力。笔者相信，全社会对非物质文化遗产的关注，不仅推动文化认同、文化记忆和文化传统可持续发展，更深层的现实意义是，中国转型期社会的健康有生命的和谐共生发展，正是依附于民族生命机体内驱精神活力的文化创造热情，这种热情正是围绕着民族生存发展的真实现实发生发展、觉悟成熟的。

非物质文化遗产保护不是一个技术活，不是一个世界性的、短暂而逝的文化时尚，更不是社会某一方的责任和义务，而是一个民族和国家能否正视历史，能否理性判断自身的价值取向，能否用历史和非历史的眼光去谋求更人性化、真善美的健全社会的重大问题。所谓"文化自觉"①是费孝通先生在20世纪末和21世纪初反复强调的主要议题，其主要内涵是指生活在全球化大背景下不同文化环境中的人们，面对快速的社会文化变迁，对本土文化的一种自我反思和自我调适。即对自身文化的渊源、特色及走向有一个清醒的认识，面对"他文化"的冲击，既不是简单的"传统回归"，也不是盲目的"全盘他化"，而是在知己知彼、取长补短的基础上，加强自身

---

① 费孝通：《论人类学与文化自觉》，华夏出版社 2004 年版，第 190—197 页。

文化转型的自主能力,在既不丧失自我又能顺应时代潮流的状态中求得自身文化的发展。文化自觉亦类似于美国当代反思人类学大师萨林斯所谓的理性的"现代性本土化"运动:即在全球化浪潮中,处于发展中的不同民族在保护本民族传统的基础上寻求发展,在世界文化秩序中力求拓展自己的生存空间。事实上,面对全球化与地方化多元并存的世界文化格局,从单一族群到多民族国家乃至全人类均面临着承袭与创新、保护与发展的文化自觉重任。无疑,我国"非遗"保护文化实践的成效根本上取决于中国各文化主体的文化自觉,文化会随着时代的发展流变、消失,而以人为主体的生存与创造生生不息。

参 考 文 献

一、著作类

1.［法］葛兰言:《古代中国的节庆与歌谣》,赵丙祥、张宏明译,广西师范大学出版社 2005 年版。

2.［法］莫里斯·哈布瓦赫:《论集体记忆》,毕然、郭金华译,上海人民出版社 2002 年版。

3.［美］阿尔伯特·贝茨·洛德:《故事的歌手》,尹虎彬译,中华书局 2004 年版。

4.［美］克莱德·M.伍兹:《文化变迁》,施惟达、胡华生译,云南教育出版社 1999 年版。

5.［美］沃尔特·翁:《口语文化与书面文化——词语的技术化》,何道宽译,北京大学出版社 2008 年版。

6.［英］马凌诺斯基:《西太平洋的航海者》,梁永佳、李绍明译,华夏出版社 2002 年版。

7.［英］布莱恩·艾略特:《传记. 家庭史与社会变迁研究》,S. 肯德里克、P. 斯特劳等编,上海人民出版社 1999 年版。

8.陈元龙:《中国花儿新论》,甘肃文化出版社 2004 年版。

9.【法】杜赞奇:《文化. 权利与国家:1900—1942 年的华北农村》,王福明译,江苏人民出版社 1995 年版。

10.冯骥才主编:《守望民间——中国民间文化遗产抢救工程》,西苑出版社 2002 年版。

11.郭栋、赵忠选注:《古诗咏河州》,敦煌文艺出版社 1994 年版。

12.郝苏民:《我不再是羊群的学者·田野随笔》,甘肃文化出版社 2003 年版。

13.黄淑娉:《黄淑娉人类学民族学文集》,民族出版社 2003 年版。

14.贾芝:《中国歌谣集成·总序》,播谷集,人民文学出版社 1994 年版。

15.柯扬:《诗与歌的狂欢节:"花儿"与"花儿会"之民俗学研究》,甘肃人民出版社 2002 年版。

16.【美】克利福德·格尔兹:《地方性知识》,王海龙、张家译,中央编译出版社 1998 年版。

17.【美】克利福德·格尔兹:《文化的解释》,纳日碧力戈译,上海人民出版社 1999 年版。

18.旷向雄:《唐代谶谣初探》,首都师范大学硕士学位论文,2004 年。

19.李雄飞:《河州花儿与陕北信天游文化内涵的比较与研究》,民族出版社 2003 年版。

20. 逯钦立:《先秦汉魏晋南北朝诗》,中华书局 1983 年版。

21. 麻国庆:《走进他者的世界》,学苑出版社 2010 年版。

22. 马文·哈里斯:《文化人类学》,东方出版社 1988 年版。

23. 马志勇编:《东乡族源》,兰州大学出版社 2004 年版。

24. 木卡拉:《非物质文化遗产与我们的文化认同感》,中央美术学院非物质文化遗产研究中心编文化遗产信息,2001 年。

25. 纳日碧力戈:《人类学理论的新格局》,社会科学文献出版社 2001 年版。

26. 潘守永:《重访抬头:中国基层社会文化变迁的田野研究》,中央民族大学博士学位论文,1996 年。

27. 乔晓光:《活态文化:中国非物质文化遗产初探》,山西人民出版社 2004 年版。

28. 乔晓光:《人类口头和非物质遗产》,中央美术学院非物质文化遗产研究中心编文化遗产信息,2002 年。

29. 苏独玉(Mary CIare(SUE)Tuchy):《中国传统文化的纵想:论"花儿"、花儿会和"花儿"的学术研究》,美国印第安纳大学博士论文。

30. 童恩正:《人类学与文化:童恩正学术文集》,重庆出版社 1998 年版。

31. 汪鸿明、丁作枢:《莲花山与莲花山花儿》,甘肃人民出版社 2002 年版。

32. 王国全:《黎族风情》,广东省民族研究所出版社 1985年版。

33. 王华:《从谣谚看宋代的近世化倾向》,暨南大学硕士论文,2004 年。

34. 王沛:《河州花儿研究》,兰州大学出版社 1992 年版。

35. 魏泉鸣:《中国花儿学史纲》,甘肃人民出版社 2005年版。

36. 吴宁:《日常生活批判——列斐伏尔哲学思想研究》,人民出版社 2007 年版。

37. 武宇林:《丝绸之路口传歌谣——"花儿"研究》,日本信山社 2005 年版。

38. 武占坤:《中华风土谚志》,中国经济出版社 1997年版。

39. 郗慧民:《西北民族歌谣学》,民族出版社 2001 年版。

40. 向云驹:《人类口头和非物质文化遗产》,宁夏人民教育出版社 2004 年版。

41. 徐建新:《民歌与国学——民国早期"歌谣运动"的回顾与思考》,巴蜀书社 2006 年版。

42. 徐治河:《中国花儿文化编年史略》,甘肃人民出版社 2006 年版。

43. 张君仁:《花儿王朱仲禄——人类学情境中的民间歌手》,敦煌文艺出版社 2004 年版。

44. 张庆长:《黎岐纪闻》,吴江,沈氏世楷堂:清道光中昭代丛书合集已集广编,第 33 卷,影印本,上海古籍出版社

1999 年版。

45. 张亚雄编:《花儿集》,重庆青年书店 1940 年版。

46. 赵毅衡:《符号学文学论文集》,百花文艺出版社 2004 年版。

47. 周满江:《诗经》,上海古籍出版社 1980 年版。

48. 朱自清:《中国歌谣》,上海复旦大学出版社 2004 年版。

49. 庄孔韶:《人类学通论》,山西教育出版社 2000 年版。

二、英文类

50. Edward B. Tylor:Primitive Culture,Harper & Row,1958 (1871).

51. Low, Setha & Lawrence-Zuniga, Denise. " The Anthropology of Space and Place",Oxford:Blackwell Publishing Ltd,2004.

52. Raymond Scupin:cultural Anthropology:A Global Perspective,Englewood cliffs,New Jersey,Prentice-Hall,1992.

53. Yeng-Horng Perng, Yi-Kai Juan and Huang-Shing Hsu. "Genetic algorithm-based decision support for the restoration budget allocation of historical buildings", Building and Environment,2007,42(2).

三、连续出版物

54. 朝戈金、巴莫曲布嫫:《口头程式理论》,民间文化论坛。

55. 朝戈金:《口头·无形·非物质遗产漫议》,《读书》2003 年 5 月。

56. 陈 虹:《试谈文化空间的概念与内涵》,《文物世界》2006 年第 1 期。

57. 陈兴贵:《人类学整体观视野下的物质文化与非物质文化》,《重庆三峡学院学报》2009 年第 5 期。

58. 陈艳萍:《以民族民间歌谣为载体研究云南民族死观的意义》,《学术论坛》2009 年 12 月。

59. 陈宗花:《当前原生态民歌问题研讨述评》,《郑州大学学报》2007 年第 4 期。

60. 代中现:《论保护濒危非物质文化遗产执法机制存在的问题》,《河北法学》2008 年第 1 期。

61. 郝朴宁:《非物质文化形态的社会承载形式》,《学术探索》2008 第 3 期。

62. 郝苏民:《文化场域与仪式里的花儿——从人类学视野谈非物质文化遗产保护》,《民族文学研究》2005 年第 4 期。

63. 贺学君:《关于非物质文化遗产保护的理论思考》,《江西社会科学》2005 年第 2 期。

64. 黄天骥、刘晓春:《试论口头传统的传承特点》,《文化遗产》2009 年第 3 期。

65. 景生魁:《岷县民俗文化散论》,《叠藏河》2005 年第 2 期。

66. 李军:《"活"的文化与"死"的遗产》,《艺术世界》

2004 年第 8 期。

67. 刘斐玟:《书写与各用的交织:女书、女歌与湖南江永妇女的双重视维》,中央研究院民族学研究所,《台湾人类学学刊》2003 年第 6 期。

68. 刘魁立:《非物质文化遗产及其保护的整体性原则》,《广西师范学院学报》2004 第 4 期。

69. 刘锡诚:《非物质文化遗产的文化性质问题》,《西北民族研究》2005 年第 1 期。

70. 刘晓春:《谁的原生态,为何本真性——非物质文化遗产语境下的原生态现象分析》,《学术研究》2008 年第 2 期。

71. 刘志军:《非物质文化遗产的人类学透视》,《浙江大学学报》2009 年第 5 期。

72. 刘宗碧:《"原生态文化"问题及其研究的理论辨析》,《原生态民族文化学刊》2009 年第 3 期。

73. 吕建昌、廖菲:《非物质文化遗产概念的国际认同》,《上海大学学报》2007 年第 2 期。

74. 论《"口头和非物质遗产"的概念与范畴》,《民间文化论坛》2004 年第 3 期。

75. 彭兆荣、林雅嬡等:《遗产的解释》,《贵州社会科学》2008 年第 2 期。

76. 彭兆荣:《形与理:作为非物质文化遗产的口述传统》,《云南师范大学学报》2010 年第 5 期。

77. 乔建中:《中国当代民歌的生态与传承——兼谈中国民歌的"口头文体"与"书面文本"》,《福建艺术》2003 年第

3 期。

78. 乔晓光:《中国多民族乡村的文化资本和新农村建设》,《美术观察》2006 年第 6 期。

79. 宋奕:《人类学空间视野的文化遗产研究》,《中国名城》2009 年 7 月。

80. 覃慧宁:《葛兰言〈古代中国的节庆与歌谣〉的学术意义》,《西北民族研究》2006 年 4 月。

81. 唐启翠:《歌谣与族群记忆——黎族情歌的文化人类学阐释》,《海南大学学报》2007 年第 4 期。

82. 万建中:《非物质文化遗产调查中的主体问题》,《北京师范大学学报》2005 年第 6 期。

83. 王丹、王卉.《文化交响合鸣曲—中国民间歌谣形式及繁荣原因寻绎》,《广西师范学院学报》2005 年第 3 期。

84. 王一川:《艺术与文化的物质年代》,《中国图书评论》2010 年第 8 期。

85. 乌丙安:《"人类口头和非物质遗产保护"的由来和发展》,《广西师范学院学报》2004 年第 3 期。

86. 巫东攀:《人类学视角下的鄂浠水民歌调查》,《非物质文化遗产研究》2009 年第 3 期。

87. 吴平:《非物质文化遗产的载体化保护与传承》,《贵州社会科学》2008 年第 11 期。

88. 西胁隆夫:《钟敬文与歌谣研究》,赵宗福译,《青海民族学院学报》2000 年第 1 期。

89. 夏敏:《歌谣与禁忌——西藏歌谣的人类学解读之

一》,《中国藏学》2000 年第 2 期。

90. 向往彩:《民间歌谣的社会史意涵》,《浙江学刊》2009 年第 4 期。

91. 刑莉:《口头非物质文化遗产的物质层面——兼谈口头和非物质文化遗产的保护》,《中央民族大学学报》2006 年第 6 期。

92. 熊宗仁:《黔东南州生态文化旅游中两极维度的探讨》,《原生态民族文化学刊》2009 年第 1 期。

93. 徐晓光:《古歌——黔东南苗族习惯法的一种口头传承形式》,《中南民族大学学报》2009 年第 1 期。

94. 闫雪莹:《百年(1900—2007)中国古代歌谣研究述略》,《东北师大学报》2008 年第 4 期。

95. 杨沐:《从花儿研究现状思考中国民歌研究中的问题》,《音乐研究》2004 年第 4 期。

96. 杨沐:《当代人类学中有关音乐研究的几个问题》,《中央音乐学院学报》1998 年第 1 期。

97. 杨庭硕:《原生态文化疏证》,《原生态民族文化学刊》2009 年第 1 期。

98. 杨雪吟:《生态人类与文化空间保护——以云南民族文化保护区为例》,《广西民族大学学报》2007 年第 3 期。

99. 袁复礼:《甘肃的歌谣——话儿》,《歌谣》周刊,第八十二号,北大歌谣研究会出版民国十四年(1925)三月十五日。

100. 曾羽、麻勇恒:《基于“生态稀缺”的思考》,《原生态民族文化学刊》2009 年第 3 期。

101. 张润平:《也谈花儿的源流》,《叠藏河》2005 年第 1 期。

102. 张晓萍:《文化旅游资源的人类学透视》,《思想战线》2002 年第 1 期。

103. 张亚雄:《花儿往事及花儿探源》,《拓荒》1935 年。

104. 张永发:《中国民族博物馆发展战略的思考》,《中国民族博物馆研究》2007 年第 3 期。

106. 朱爱东:《双重视角下的歌谣学研究——北大歌谣周刊对中国歌谣学研究的意义》,《思想战线》2002 年第 2 期。

107. 庄孔韶:《文化遗产保护的观念与实践的思考》,《浙江大学学报》2009 年第 5 期。

四、歌谣集、论文集

108.《二十世纪中国民俗学经典. 史诗歌谣卷》,苑利编,社会科学文献出版社 2002 年版。

109.《歌谣》周刊,中国民间文艺出版社 1985 年版。

110.《古诗咏河州》,郭栋、赵忠选注,敦煌文艺出版社 1994 年版。

111.《和政民歌选编》,和政县委宣传部,2005 年。

112.《花儿集萃·花儿曲令卷》,马忠贤、马丰春编,甘肃文化出版社 2005 年版。

113.《花儿介绍》,朱仲禄编,收青海《花儿评介、讨论研究撞击》,1961 年 9 月内部本。

114.《花儿论坛》,甘肃省临夏回族自治州群众艺术馆,1986 年。

115.《花儿选》,朱仲禄编,西北人民出版社 1954 年版。

116.《临夏花儿选》,临夏回族自治州文化局创作研究室,1982 年。

117.《松鸣岩花儿曲令集》,罗英编,和政县文化旅游局,2005 年。

118.《西北花儿》,郗慧民编,西北民族学院研究院,1984 年。

119.《中国非物质文化遗产保护研究(上)》,文化部民族民间文艺发展中心编,北京师范大学出版社 2005 年版。

120.《中国非物质文化遗产保护研究(下)》,文化部民族民间文艺发展中心编,北京师范大学出版社 2005 年版。

121.《中国歌谣集成·甘肃卷》,中国民间文学集成全国编辑委员会《中国歌谣集成·甘肃卷》编辑委员会,中国 ISBN 中心出版,2000 年。

122.《中国花儿音乐曲令大典》,王魁编,甘肃文化出版社 2006 年版。

123.《中国民间文化遗产抢救工程普查手册》,高等教育出版社 2003 年版。

五、地方史志

124.《和政县志》,兰州大学出版社 1995 年版。

125.(明)嘉靖《河州志》,甘肃省图书馆藏抄本。

126.《临夏回族自治州概况》,甘肃民族出版社 1986
年版。

127.《临夏回族自治州志·民族宗教志》,甘肃人民出版
社 2004 年版。

128. 方岱修:《康熙昌化县志》(卷 5),海南出版社 2004
年版。

后　记

这是我的第一本书,按惯常总是要在结束处不咸不淡地说几句话,我也不能免俗。

我出生在河州这个被称为"花儿之乡"的地方,虽然生活在城市的我不会吟唱植根于田野的"花儿",但是每当听到"花儿"的时候,心中便有一种说不出的亲切之感,"花儿"似乎在我的心里也积淀为一种文化标记了。几年前,我在中央民族大学学习人类学专业,民大如芝兰之室,尊师之渊博学识及严谨治学态度,耳濡目染,受用无穷。参加工作十年有余,我也经常接触有关文化方面的议题。这些经历,不仅使我比较熟悉文化及其变迁问题,也自觉不自觉地关注和思考文化问题,尤其是对歌谣类的文化遗产研究产生了浓厚的兴趣。

如果说自然代表人类的外化的、实力的或物化的状态,那么,文化则代表人类内化的、精神的或心灵的状态。但是近几年来许多文化事象却让我感受到某些与此不同的别样状貌,文化越来越蜕变为与"物"纠缠不清的经济、产业、技术等行为。这几年我数次参加各地民间歌会,对歌谣类的文化遗产在现实中的变迁和遭遇更是感触颇多,针对这些现实状况,本人查阅了许多资料,先后也作了一些前期的思考和研究,又于2008年至2009年期间,数次在河州地区作田野调查,为我的选题做了较为充足的准备。调查期间,我的身体里还孕育着一个新的生命,我"带着"小宝宝坐飞机、火车、汽车……所有的交通工具都坐过了,从调查到写作再到出版,断断续续,三年的时光匆匆而过。

虽然如此,也并不等于我的研究是深入而系统的。写作过程中,我每每发现要将平常对歌谣问题的体验、感悟和体会提升为合乎规范的理论著作是一件相当不容易的事,书中对歌谣的研究还是初步的探索和研究,存在着理论分析不够深入,实证调查资料不足等诸多缺憾。

今不揣冒昧,在借鉴一些已有研究成果的基础上,提出了自己的粗论陋见,以求教于方家。本书在写作中参阅了理论界诸多前人的研究成果,已在文后附录,在此特向各位专家学者致谢。由于时间仓促、水平有限,舛误与错失在所难免,还望广大读者不吝赐教。

作　者

2010 年 9 月于兰州

责任编辑:吴继平
封面设计:徐　晖
版式设计:陈　岩
责任校对:史　伟

图书在版编目(CIP)数据

非物质文化遗产与历史变迁中的地方社会——以歌谣为中心的
　解读/马莉 著.-北京:人民出版社,2011.5
ISBN 978－7－01－010353－2

Ⅰ.①非…　Ⅱ.①马…　Ⅲ.①文化遗产-保护-研究-中国
　Ⅳ.①K203

中国版本图书馆 CIP 数据核字(2011)第 210158 号

非物质文化遗产与历史变迁中的地方社会
FEIWUZHI WENHUA YICHAN YU LISHI BIANQIANZHONG DE DIFANG SHEHUI
——以歌谣为中心的解读

马　莉　著

人民出版社 出版发行
(100706　北京朝阳门内大街 166 号)

北京新魏印刷厂印刷　新华书店经销

2011 年 5 月第 1 版　2011 年 5 月北京第 1 次印刷
开本:880 毫米×1230 毫米 1/32　印张:8.375
字数:170 千字　印数:0,001-3,000 册

ISBN 978－7－01－010353－2　定价:23.00 元

邮购地址 100706　北京朝阳门内大街 166 号
人民东方图书销售中心　电话 (010)65250042　65289539